Éloge de la vitesse

Éditions d'Organisation
Groupe Eyrolles
61, bd Saint-Germain
75240 Paris Cedex 05

www.editions-organisation.com
www.editions-eyrolles.com

Rafik Smati

Éloge de la vitesse

La revanche de la génération texto

EYROLLES

Éditions d'Organisation

À mes Grands-Parents

Table des matières

Avant-propos

L'homme et le train

Un train avance. Un homme court à côté du train. Il court depuis tellement longtemps que lui-même ne sait plus vraiment pourquoi il court. Tel un somnambule, il semble accompagner le train dans son parcours, machinalement. Le pauvre homme finit par s'épuiser.

Tout aurait été plus simple s'il avait eu l'idée de monter dans le train lorsque celui-ci était en gare. Mais cela est maintenant impossible : le train ne s'arrêtera pas. L'ultime solution qui lui revient est de fournir un dernier effort pour tâcher de monter dans le train en marche. S'il y parvient, notre homme sera alors dans les meilleures conditions pour arriver à destination. Mieux encore, il profitera du voyage. Il contemplera ce si beau paysage qu'il ne prenait même pas le temps de regarder lorsqu'il courait à côté du train. Il laissera son esprit vagabonder. Il se plongera dans la lecture d'un livre.

Cette métaphore de l'homme et du train s'applique à chacun d'entre nous. Nous avons tous l'impression que le temps accélère, que les événements se succèdent à un rythme de plus en plus soutenu. Les nouvelles technologies renforcent ce sentiment d'accélération. Dès lors, nous avons le choix. Soit nous nous mettons dans la situation de l'homme qui court, au risque de nous épuiser et de perdre notre capacité d'observation. Soit nous parvenons à monter dans le train, et alors nous vivons cette vitesse comme une chance, une opportunité pour arriver plus vite à destination.

C'est dans cette seconde hypothèse que s'inscrit cet ouvrage.

Introduction

L'ancien temps

Je me rends compte à l'instant que mon arrière-grand-père, le grand-père paternel de mon père, fut un contemporain de Napoléon III et de Victor Hugo. Tout comme Jeanne Calment, la doyenne des Français, disparue il y a seulement treize ans. Pour moi qui avais tendance à ancrer ces personnages historiques dans un passé plus que révolu, je suis forcé de reconnaître que Napoléon III et Victor Hugo sont mes contemporains. Seule une petite centaine d'années sépare leur mort de ma naissance.

Il y a là comme un paradoxe : malgré le fait que peu d'années nous séparent du Second Empire, nous avons tous tendance à considérer Napoléon III comme un représentant de l'ancien temps, ce même temps dans lequel nous avons relégué les monarques et souverains qui l'ont précédé. À commencer par Clovis, premier roi des Francs. Napoléon III est pourtant bien plus proche de nous (une centaine d'années) qu'il ne l'est de Clovis (presque un millénaire). Comment expliquer donc la propension que nous avons à reléguer ces deux hommes dans un même passé, alors que l'un d'entre eux fait de toute évidence partie de nos contemporains ? Cela tient au rapport que nous entretenons avec la notion de progrès. Du point de vue qui est le nôtre aujourd'hui, le quotidien de Napoléon III n'était en effet pas si différent de celui de Clovis. Les deux hommes vécurent dans un monde dans lequel on ne se déplaçait qu'à cheval ; un monde dans lequel il fallait près d'une semaine pour qu'une information traverse la France du nord au sud ; un monde sans électricité où l'on s'éclairait à la bougie.

Le monde, vous en conviendrez, a profondément changé depuis le règne de Napoléon III. Et ce qui caractérise le plus ce changement, c'est la vitesse fulgurante à laquelle il s'est opéré. Telle est la raison pour laquelle nous avons du mal à nous projeter dans ce passé pourtant récent. Ces cent dernières années ont sans doute été plus denses en événements et en inventions que les mille années qui ont précédé. En un siècle à peine, se sont succédé trois révolutions industrielles. L'homme a su dompter des sources d'énergie telles que le charbon et le pétrole. Il a inventé des technologies de communication en temps réel. Il a révolutionné son environnement médical et sa qualité de vie… À l'évidence, nous avons connu une accélération de l'histoire. Cette accélération de l'histoire, nous en sommes aujourd'hui tous les témoins.

Une image permet de se représenter le développement exponentiel qu'a connu l'humanité. Elle consiste à ramener l'histoire de la Terre à une journée. À minuit, donc, la Terre se forme dans le système solaire. Il faut attendre treize heures pour que l'oxygène fasse son apparition. À vingt et une heures, les premières plantes apparaissent. À vingt et une heures vingt-deux la mer commence à se peupler des premières espèces de poissons. En toute fin de journée, vers vingt-trois heures trente, apparaissent les premiers dinosaures. Ils disparaîtront dix minutes plus tard pour être aussitôt remplacés par les premiers primates. À vingt-trois heures cinquante-neuf minutes et trente secondes, l'espèce humaine fait son apparition. Napoléon III, Clovis, Victor Hugo, vous et moi sommes tous nés dans les dernières millisecondes. Les inventions de l'électricité nucléaire, de l'aviation, du téléphone et de l'Internet se concentrent également sur ces dernières millisecondes.

Se pose alors la question de l'avenir de l'homme sur Terre. Pour reprendre l'image précédente, qu'en sera-t-il des secondes et des minutes qui vont suivre ? L'homme n'est-il, à l'instar des dinosaures, qu'une espèce de passage qui va rester quelques secondes ou quelques minutes sur Terre pour être remplacée ensuite par une autre espèce dominante ? Ou, au contraire, l'homme est-il l'espèce dominante ultime qui saura se rendre immortelle en inventant un modèle de civilisation prospère et durable, dans lequel le partage de l'information et la transmission des savoirs seront des principes fondamentaux ?

Même s'il n'est pas aisé de se livrer à un exercice de prospective sur l'avenir de l'humanité tant nous manquons de recul, nous pouvons avoir deux certitudes : d'une part, nous sentons tous que le temps s'accélère.

Dans chacune de nos actions, la vitesse et le mouvement tendent à s'imposer à nous comme des principes quasi religieux. L'homme a, de ce point de vue, une responsabilité : c'est lui qui a inventé les outils de cette dictature du temps réel, par le courrier postal d'abord, puis par le téléphone et l'Internet enfin.

Et d'autre part, nous vivons dans un monde de plus en plus complexe et désordonné. Si les frontières géographiques sont désormais figées, il n'en est pas de même pour les frontières politiques, religieuses, intellectuelles et morales.

Cet ouvrage n'a pas vocation à être un essai philosophique sur le rapport de l'homme au temps. Nous savons à quel point ce sujet, traité par bien d'autres avant moi, est ardu et insaisissable. Je prendrais de ce point de vue bien volontiers à mon compte la formule de saint Augustin : « Qu'est-ce donc que le temps ? Si personne ne me le demande, je le sais ; mais que je veuille l'expliquer à la demande, je ne le sais pas. » J'ai tout de même la conviction que l'invention par l'homme d'outils de communication en temps réel, en particulier l'Internet, change radicalement notre rapport au temps, en lui donnant une densité plus importante. Les événements se succèdent à une vitesse de plus en plus rapide ; nous vivons une accélération de l'histoire.

Ce bouleversement du rapport de l'homme au temps est ressenti de façon très différente selon la génération à laquelle on appartient.

Pour la génération née dans les années quarante et cinquante, celle que l'on appelle la génération du baby boom, l'accélération du temps est perçue comme une menace. Cette génération voit dans cette accélération du temps une tyrannie de la vitesse et une dictature du mouvement. Pour évoluer dans ce monde de plus en plus complexe, la solution, pour eux, serait donc de ralentir, ultime rempart pour s'opposer à un mouvement qui semble pourtant inéluctable.

Pour les jeunes générations, notamment celles qui n'ont connu le monde qu'avec l'Internet et les téléphones portables, cette accélération du temps est une chance. Une chance pour créer, une chance pour innover, une chance pour saisir les opportunités et les idées nouvelles. Ces générations sont armées, tant socialement, intellectuellement que génétiquement pour appréhender ce nouveau monde, dans lequel le temps jouera plus que jamais un rôle central.

Ainsi le rapport au temps pourrait en partie expliquer le fossé générationnel qui s'est creusé depuis quelques années. D'un côté, il y a ceux qui aspirent à ralentir le temps. Ce sont les représentants du « c'était mieux avant ». D'un autre côté, il y a ceux qui voient en son accélération un potentiel d'action inédit. Ce sont les tenants du « vivement demain ». Tout cela, me direz-vous, n'est pas nouveau : les jeunes ont toujours eu tendance à précipiter l'avènement du futur, alors que les anciens ont toujours développé une nostalgie du passé. Pour autant, ce que nous vivons aujourd'hui est inédit. En effet, pour la première fois de son histoire, l'homme est en mesure de ne plus subir le temps, mais de l'utiliser comme un levier d'action dans le présent.

Mais de quel temps parlons-nous ? Nous ne faisons pas ici allusion aux temps habituels que sont le passé, le présent, et le futur, reflets d'une vision purement linéaire du temps que nous jugeons très réductrice.

L'enjeu est bien plus grand. En effet, la nouvelle génération porte en elle la possibilité de développer une nouvelle perception du temps, un temps qui sera tantôt lent, tantôt rapide, tantôt ralenti, tantôt accéléré. Il ne s'agit pas de ralentir pour ralentir, mais bel et bien de ralentir pour accélérer, de savoir jongler avec des cycles qui s'enchevêtrent. Et cela, seules les jeunes générations, mobiles, nomades et adeptes du zapping sous toutes ses formes en ont la faculté. Cette génération invente un nouveau monde, un monde forcément multipolaire, multiculturel, démocratique, écologique, pacifiste, où la dimension du temps sera pleinement utilisée comme l'arme absolue pour démultiplier considérablement le champ du possible.

Chapitre 1

Le « complot »

Depuis des siècles, il est une théorie qui donne lieu à de nombreux débats et alimente les discussions les plus fantasmagoriques : il s'agit de la théorie du complot. Tous les événements que nous subissons seraient le produit d'un plan savamment orchestré par un groupe secret d'individus qui agiraient de façon occulte pour prendre ou conserver le pouvoir, qu'il soit de nature politique, économique et financier, ou encore culturel. C'est ainsi qu'au fil du temps, le vrai pouvoir aurait été entre les mains des franc-maçons, des illuminatis, des Juifs, des intelligences extraterrestres, des éminences grises, des médias, du grand patronat, des financiers... Ne dit-on pas que c'est la finance qui dirige le monde, et que le pouvoir réel des hommes politiques n'est qu'illusoire ?

Disons-le tout net : je n'adhère à aucune de ces théories conspirationnistes. L'idée qu'un petit groupe de personnes assises autour d'une table administre le monde n'a aucun sens pour moi. Nous vivons dans un monde de plus en plus insaisissable, organisé en réseau, avec une information qui circule en temps réel. Aucun groupe d'individus, composé d'esprits

aussi brillants soient-ils, n'est en situation d'adminis-
trer et de régir le monde dans ce qu'il a de plus
complexe.

La conspiration des enfants gâtés

S'il n'y a pas de complot au sens conspirationniste du
terme, il se peut qu'au fil de l'histoire certaines
confréries ou corporations aient pu développer une
influence telle qu'elles sont en mesure d'agir sur les
grandes décisions, notamment politiques et économiques. C'est le cas aujourd'hui : les démocraties occidentales sont dirigées par une caste très influente, qui
tient les gouvernements, les banques centrales, les
sociétés multinationales et les grands groupes de
médias. Une caste qui forme un État dans l'État : les
baby boomers. Vous l'aurez compris, je fais allusion à
cette classe d'âge née entre l'après-guerre et le début
des années soixante. Cette génération qui a fait
Mai 68 ; cette génération d'enfants gâtés qui n'a
connu ni la guerre, ni la crise, ni le Sida. Cette génération qui a toujours vécu dans l'opulence et l'abon-
dance qui a caractérisé les Trente Glorieuses. Cette
génération, c'est celle qui a construit le monde tel que
nous le connaissons aujourd'hui, dans ses bons et ses
moins bons côtés. C'est encore celle qui le régit. Pour
le meilleur et pour le pire.

Imaginez. Une période de près de trente ans, entre 1947
et 1974, où la croissance économique avoisine en
moyenne les 5 % en France ; une période de plein-

emploi avec des taux de chômage proches de 1 % ; une période où les avancées technologiques furent sans précédent. C'est pendant les Trente Glorieuses que l'homme a mis le pied sur la Lune et que la conquête spatiale fut à son apogée. Le TGV, le Concorde, l'électricité nucléaire, Ariane, et même l'Internet... Tous ces projets qui sont aujourd'hui structurants pour nos économies prennent leur source dans les années soixante. Ironie de l'histoire ou pas, tous ces projets sont aussi ceux qui ont imposé plus tard aux générations suivantes la dictature de la vitesse et augmenté le degré de désordre dans notre environnement économique et politique, en les rendant plus complexes.

D'un point de vue sociétal aussi, ces années d'opulence étaient celles du retour à la nature, du *peace and love*, de la liberté sexuelle et du mouvement hippie. Bref, tout allait donc pour le mieux dans le meilleur des mondes.

Dans cette période faste, l'inflation (à savoir la hausse des prix) était galopante. Mais qu'importe : les salaires suivaient la même évolution. Il faut dire que cette forte inflation représentait un réel effet d'aubaine, car elle atténuait fortement l'impact des taux d'intérêt. Entreprises et particuliers pouvaient alors souscrire à des emprunts à des taux largement atténués, du fait précisément de l'inflation. Parfois, même, il arrivait que l'inflation dépasse les taux d'intérêt, ceux-ci devenant alors négatifs !

C'est ainsi que toute une génération de jeunes actifs qui ne connaissait pas le chômage a pu se constituer un patrimoine immobilier avec une facilité inédite, et dans des conditions qu'aucune autre génération, antérieure comme postérieure, n'a pu et ne pourra connaître.

Au milieu des années soixante-dix, les crises pétrolières mirent un coup d'arrêt brutal à cette dynamique. La croissance économique ralentit nettement, le chômage fit son apparition. La raison aurait voulu alors que cette génération acceptât de réduire son train de vie. Mais comment voulez-vous devenir subitement responsable lorsque votre principe de vie a toujours été de « jouir sans entrave », pour reprendre l'un des slogans de 68 ? N'étant pas disposée à réduire son train de vie, cette génération a alors commencé à vivre au-dessus de ses moyens, et à transférer ses dettes sur les États, c'est-à-dire vous et moi, nos enfants, nos petits-enfants et nos arrière-petits-enfants. C'est ainsi que les premiers déficits firent leur apparition et que les dettes publiques explosèrent : aujourd'hui, chaque enfant qui naît en France commence sa vie avec une dette de vingt-cinq milles euros sur ses épaules.

Vive le *statu quo*

Dans les années qui suivirent les crises pétrolières, rien ne vint s'opposer à ce funeste mouvement. Certains choix politiques l'ont même accentué : la décision prise en 1982 d'abaisser l'âge de départ à la retraite de soixante-cinq à soixante ans en dépit de toute considération démographique procédait de la même logique.

Plus symptomatique encore : les *baby boomers* sont à l'origine de l'euro et de la création de la Banque centrale européenne. Je suis un Européen convaincu, et je considère l'euro comme ma monnaie. Son arrivée dans nos économies a été salutaire à bien des égards. Mais comment expliquer que l'unique mandat confié à la Banque centrale européenne soit la lutte contre l'inflation ? Il y a une explication à cela : les *baby boomers* ont compris qu'ils allaient progressivement passer d'un statut d'actif à un statut d'inactif, d'un statut de travailleur à un statut de rentier. Or, l'inflation, si elle peut aider les actifs à se constituer un patrimoine en limitant l'impact des taux d'intérêt, peut également porter lourdement préjudice à ceux qui vivent de leur rentes, à commencer par les retraités. Voilà donc pourquoi le mandat unique de la Banque centrale européenne est la lutte contre l'inflation, et voilà aussi pourquoi celle-ci n'est pas dépendante des gouvernements.

Or, il se trouve que l'inflation, à condition qu'elle soit maîtrisée, est aujourd'hui un des leviers remarquables que nous pourrions utiliser pour insuffler une nouvelle dynamique aux économies occidentales. Elle permettrait, notamment, d'atténuer le poids de la dette des États donc nous savons qu'elle est aujourd'hui l'un des principaux périls auxquels nous sommes confrontés. Une inflation réelle mais maîtrisée permettrait de valoriser le travail plutôt que le patrimoine ; de valoriser les travailleurs plutôt que les rentiers.

L'inflation pourrait également contribuer à rétablir une justice économique entre les générations, et à redonner leurs chances aux jeunes générations. Qu'en est-il en effet des enfants des *baby boomers* ? Ces enfants nés à partir du début des années soixante-dix qui n'ont connu que la crise et le chômage ? Dépendants de leurs parents, ils quittent de plus en plus tard le nid familial. Leur projet de vie ? Trouver un logement décent à louer. Il faut dire que les *baby boomers* sont propriétaires d'une très grande partie du parc immobilier des pays occidentaux. La demande est importante, mais l'offre est limitée. En conséquence, les prix de l'immobilier flambent. Et l'inflation n'est pas là pour atténuer l'effet des taux d'intérêt. Les enfants des *baby boomers* se résolvent donc à emprunter sur de très longues durées, parfois trente ans, ou alors à louer. Louer à qui ? Aux *baby boomers*, encore eux, rendant cette caste encore plus riche et puissante !

Je ne puis alors m'empêcher de penser à *L'Ennemi*, ce poème de Charles Baudelaire qui illustre remarquablement le destin des enfants et petits-enfants des *baby boomers* :

« Ma jeunesse ne fut qu'un ténébreux orage,
Traversé çà et là par de brillants soleils ;
Le tonnerre et la pluie ont fait un tel ravage,
Qu'il reste en mon jardin bien peu de fruits vermeils. »

La fracture générationnelle

Le vrai fossé, ce n'est donc pas tant celui qui oppose les riches aux pauvres ; les patrons aux salariés. Non, le vrai fossé, le plus puissant d'entre tous, c'est celui qui s'est installé depuis plusieurs décennies entre une génération bénie des dieux, et les générations qui l'ont suivie. Fossé parfaitement entretenu par ce complot qui n'en porte pas le nom mais dont le moins que l'on puisse dire est qu'il agit encore avec force.

Évidemment, il n'est pas politiquement correct de dénoncer ce « complot ». Les esprits bien-pensants vous rétorqueront qu'il est honteux de s'en prendre à des aînés qui ont tant fait pour nous. Il vous sera également opposé que, parmi ces aînés, certains vivent dans la misère et que mon propos est pour le moins déplacé pour ne pas dire scandaleux. Mais les faits sont là : toutes les études tendent à démontrer que le niveau de vie des inactifs est plus élevé que celui des actifs, et que le patrimoine des inactifs est plus important que le patrimoine des actifs. Selon un rapport de l'Insee, la courbe du bonheur atteint un pic entre les âges de soixante-cinq et soixante-dix ans. « Le niveau de patrimoine des plus de cinquante ans excède de plus de cinquante pour cent le patrimoine moyen, leur revenu disponible net excède de plus de quinze pour cent le revenu moyen », soulignent les auteurs du document. Pourtant, aucune voix dans la classe politique ne viendra dénoncer cette injustice. Non que nos dirigeants émanent tous de la caste des *baby boomers*, mais tout simplement parce que les *baby boomers* sont des électeurs studieux et fidèles, contrairement aux générations suivantes. Leur pouvoir d'influence démocratique n'en est que renforcé.

Une précision, cependant : je rappelle que cette analyse ne porte pas sur nos aînés au sens large, mais seulement sur les *baby boomers*. Car les parents des *baby boomers*, ceux qui ont aujourd'hui quatre-vingts ans et plus, font preuve d'une très grande dignité et n'acceptent pas l'idée que leurs petits-enfants puissent vivre moins bien que leurs parents. Ils ont connu la guerre mais font preuve d'une très grande modernité. D'autre part, mon propos ne consiste pas à stigmatiser chaque *baby boomer* de façon individuelle. Il est en effet trop facile de faire porter la responsabilité à tel ou tel individu en particulier. Voilà ce qui justifie l'emploi du terme « complot » : sournois et pernicieux par nature, un complot dépasse largement les individus qui en font partie. Parfois même, il les aveugle.

En ce qui me concerne, je fais partie de la génération des enfants des *baby boomers*. Mon discours pourrait donc paraître orienté, empreint d'un aveu de faiblesse ou de rébellion. Il n'en est rien. J'ai la chance d'être propriétaire et d'être libre professionnellement et financièrement. Mon propos n'est donc pas celui de quelqu'un de frustré ou d'aigri, mais plutôt celui d'un trentenaire qui ne se résigne pas à accepter l'idée que la génération de ses parents puisse puiser sa jouissance de la décadence de ce qu'il convient plus que jamais de dénommer le Vieux Continent. Du reste, les principales victimes de ce « complot » appartiennent à la génération qui succède à la mienne. Cette génération née dans les années quatre-vingt-dix et après, tant décriée par les « comploteurs » du baby boom et présentée comme une génération d'ignares et d'incultes ; une génération qui éprouve et éprouvera les plus grandes difficultés à se construire professionnellement et qui a presque abandonné l'idée de conquérir et d'entreprendre ; une génération qui devra se sacrifier pour combler le passif abandonné par la génération de ses grands-parents. Et pourtant, c'est probablement cette génération qui verra le monde changer et contribuera à un modèle de civilisation où la création sera valorisée sous toutes ses formes ; un modèle qui ouvrira la voie à l'exploration de nouvelles possibilités.

Chapitre 2

L'accélération

Deux cent quarante-sept milliards : c'est le nombre d'e-mails expédiés chaque jour dans le monde, ce qui représente une moyenne de trente-cinq e-mails par personne vivant sur cette Terre. Et ce n'est qu'un début : en 2013, un demi trillion (cinq cent milliards) de courriers électroniques seront adressés chaque jour, estiment les spécialistes. Même si les messages indésirables, dits *spams*, sont de plus en plus nombreux, le mouvement n'en demeure pas moins de très grande ampleur : jamais, dans l'histoire, les interactions entre êtres humains n'ont été aussi nombreuses. Les réseaux sociaux sur Internet, en vogue depuis plusieurs années, renforcent désormais ce phénomène en incitant chacun à être interconnecté en temps réel avec sa communauté, qu'elle soit amicale, familiale, ou professionnelle.

Certes, l'Internet n'a pas inventé les relations humaines : les hommes sont depuis toujours reliés entre eux par des réseaux organisés autour de traditions, coutumes, lois, principes d'éducation. Aristote ne disait-il pas, déjà trois siècles avant notre ère, que « l'homme est un animal social » ? S'il n'a pas inventé les relations humaines, l'Internet leur a probablement donné une nouvelle dimension. Dire qu'il est au service de la communication relève du truisme. L'Internet crée et entretien le lien social, notamment auprès des jeunes générations. Il renforce la transmission du savoir de manière exponentielle en donnant à chacun accès aux connaissances du monde. À l'évidence donc, la révolution numérique contient en germe un progrès sociétal majeur. Mais ce n'est pas tout : d'un point de vue économique, l'Internet revêt également un caractère stratégique. Il a un impact global et transversal sur l'ensemble de l'écosystème, en générant des économies d'échelle et des gains de temps considérables : quarante pour cent des gains de productivité réalisés ces dernières années dans les pays développés et une part non négligeable de la croissance économique seraient ainsi directement liés au numérique.

L'Internet et les réseaux sembleraient donc à la fois être source de progrès sociétal et de croissance économique. Est-ce à dire que nous préparons ainsi les conditions d'un monde idéal ? Un monde où la vitesse et la mise en réseaux des hommes seraient à la fois source de progrès, de croissance, et d'égalité ?

J'ai longtemps pensé cela, et je continue d'ailleurs à le penser. Avec néanmoins une réserve de taille. Le culte que nous vouons désormais à la vitesse et à l'action n'est-il pas un gigantesque leurre ? Un mirage qui nous aide à mieux dissimuler nos propres faiblesses et notre incapacité à faire évoluer notre modèle de civilisation ?

Avançons-nous réellement plus vite ou avons-nous l'illusion d'avancer plus vite ?

Le temps passé

Il m'arrive, au hasard de mes réflexions, de penser à ma condition de chef d'entreprise dans ce monde où tout va plus vite. Je reçois et traite, chaque jour, plusieurs dizaines de courriers électroniques, que je consulte sur mon ordinateur personnel, mon téléphone portable ou ma tablette. J'ai chaque jour de nombreux échanges avec mes collaborateurs, mes actionnaires et mes partenaires commerciaux. Les cycles de décision sont très courts. Les projets avancent vite. Même pendant les vacances ou les weekends, je reste *wired*, entendez par là connecté. Mon entreprise, mon écosystème, mon réseau, le monde sont à portée de clic. Il y a là-dedans quelque chose de jubilatoire. Comme un sentiment de puissance.

Qu'aurait donc été mon quotidien si j'avais été chef d'entreprise dans les années soixante ? J'imagine alors mon bureau, sur lequel sont disposés quelques dossiers et au milieu duquel trône un téléphone filaire classique. À l'évidence, point d'ordinateur ou d'accès à un réseau informatique quelconque. Dans la pièce jouxtant ce bureau, deux ou trois secrétaires équipées de machines à écrire, qui assurent ma correspondance avec ce qu'il convient, là aussi, d'appeler mon « réseau ». Combien de lettres envoyées chaque jour ? Probablement moins d'une dizaine. Et que dire des cycles de prise de décision ? Ils sont considérablement rallongés, tributaires notamment des délais postaux.

Dans ce quotidien de chef d'entreprise des années soixante, quelques rendez-vous et appels téléphoniques

parsèment ma journée. Le déjeuner du midi, probablement plus long et plus arrosé qu'il ne le serait aujourd'hui,
revêt une importance clé pour tisser du lien social. Et que
fait ce patron le reste du temps ? Il attend dans son bureau.
Et pense. Tout simplement. Il pense à son entreprise, à ses
projets, à ses collaborateurs. Il élabore sa stratégie, prend
soin de rédiger consciencieusement ses courriers impor-
tants. Il pense nécessairement à long terme.

Une petite devinette : comment l'imaginez-vous physi-
quement, ce patron des années soixante ? De façon
caricaturale, sans doute le voyez-vous seul dans son
bureau, la cigarette à la bouche et les pieds sur la table,
en état d'inactivité physique. Ces instants qui pourraient
aujourd'hui paraître pour de l'oisiveté contiennent
pourtant les germes d'une réflexion profonde et d'une
créativité débordante. Le décideur des années soixante
avait le temps de penser. Il n'était pas tributaire du diktat
de la vitesse, qui consiste à être, à tout moment, en situation d'action et à privilégier les résultats à court terme.

La référence aux années soixante mérite d'être pour-
suivie. Dans une période où les moyens d'interaction
étaient infiniment moins développés qu'ils ne le sont
aujourd'hui, où la technique était quasi préhistorique,
le monde avançait-il pour autant moins vite ? Eh bien
non ! C'est probablement même le contraire. Les
Trente Glorieuses n'ont-elles pas produit la croissance
économique la plus fulgurante et les progrès technologiques les plus spectaculaires de l'ère moderne ?

En 1961, le président américain Kennedy tient le
pari d'envoyer un Américain sur la Lune avant la fin

de la décennie. Ce fut chose faite en 1969. Huit ans seulement ont suffi à l'homme pour mettre au point un programme lunaire avec des ambitions, une stratégie, une infrastructure. Le microprocesseur de l'ordinateur de bord des premières missions Apollo était d'une puissance comparable à la plus petite des calculatrices vendue en supermarché aujourd'hui. Pourquoi donc la relance d'un programme lunaire en 2004 par le président Bush nécessitait-elle plus de vingt ans ?

En 1969, il fallait un peu plus de trois heures trente pour rejoindre New York à partir de Paris grâce au supersonique franco-britannique, le *Concorde*. Aujourd'hui, huit heures sont nécessaires, soit plus du double ! 1969, c'est aussi l'année où les militaires et universitaires américains unissent leurs compétences pour concevoir l'Arpanet, l'ancêtre de l'Internet tel que nous le connaissons aujourd'hui et dont nous commençons à peine à entrevoir les possibilités.

C'est aussi pendant les années soixante qu'ont été développés, à une cadence inimaginable aujourd'hui, des projets structurants pour la France : le programme nucléaire, qui assure encore l'indépendance électrique de notre pays ; le programme ferroviaire avec l'invention du train à grande vitesse (TGV) ; le programme aérospatial, dans sa dimension transports avec Airbus, et dans sa dimension spatiale avec Ariane. Oui, tous ces projets, qui font aujourd'hui la grandeur et la fierté d'un pays tel que la France, ont été initiés et mis au point dans les années soixante.

En toute logique, à l'heure de la mondialisation, des réseaux et du temps réel, de tels projets devraient aujourd'hui émerger de toute part. Et de façon bien plus ambitieuse encore. Eh bien, il n'en est rien. Et si l'homme n'était plus en mesure, n'avait plus l'énergie ou peut-être n'avait plus l'audace de se lancer dans de grands projets de civilisation ?

Le temps dépassé

En cause, probablement la relation que nous entretenons avec la prise de risque, concept qui est aujourd'hui mis à mal. Nous n'acceptons de nous engager dans de grands projets que si le risque est réduit à néant, ou presque. Accepterait-on, de nos jours, de prendre le risque de perdre des hommes sur une mission lunaire alors qu'une telle mission n'est pas vitale en soi ? Bien sûr que non, au nom précisément de ce qu'il convient d'appeler le principe de précaution. Un tel principe est tellement au cœur de notre mode de pensée qu'il est désormais inscrit dans la Constitution d'un pays tel que la France. Nous préférons payer cher, voire renoncer à des projets, dès lors que ceux-ci revêtent un risque, si petit soit-il.

Tout se passe comme si la machine consommait désormais davantage de carburant pour sa propre subsistance que pour produire ce pour quoi elle a été inventée. Au fond, l'exemple des États plombés par leurs dettes illustre plus que jamais ce phénomène : vingt pour cent du budget de l'État français est consacré à l'intérêt de la dette. Et cela, bien sûr, au détriment de l'essentiel, c'est-à-dire des investissements et de l'éducation.

L'horizon de temps qui est le nôtre est désormais le court terme. Tous les indicateurs économiques y font référence. Les gouvernements se croient jugés sur les taux de chômage mensuels. Les dirigeants d'entreprise sont soumis à une pression des cours de bourse quotidiens. Même les journalistes de télévision et de radio subissent une pression permanente de l'Audimat. La société dans laquelle nous vivons s'est structurée autour d'une culture du tableau de bord : il suffirait d'avoir accès à quelques données jugées stratégiques en temps réel pour agir. Et c'est ce tableau de bord qui est aujourd'hui l'outil de référence de la prise de décision, que ce soit dans la sphère politique ou dans la sphère économique.

L'approche court-termiste des choses est au cœur de la crise que traverse aujourd'hui notre civilisation. Une meilleure prise en compte du long terme pourrait être de nature à définir un nouveau modèle capitaliste. Le travail à accomplir par l'homme est colossal. Nous sommes toujours hantés par la formule de Keynes, l'économiste qui a influencé toutes les politiques économiques de l'après-guerre, et selon lequel l'homme est condamné à penser à court terme, car « à long terme, nous serons tous morts ».

Le temps retrouvé

Oui, nous sommes capables de produire de grandes choses. Nous l'avons prouvé. Oui, nous avons, d'une certaine manière, le pouvoir de jouer avec le temps, d'accélérer l'histoire, de proclamer des changements de vitesse… Un concept physique peut nous aider à illustrer l'impasse dans laquelle nous nous trouvons : le mouvement. Un mouvement se définit à la fois par une vitesse, mais également par un point de départ et un point de destination. Or, en vouant un culte à la vitesse, notre société a perdu de vue un aspect essentiel : l'orientation. Et sans orientation, sans destination, sans but, à quoi cela mène-t-il d'aller vite, sinon à créer une situation de chaos ? La tyrannie apparente de la vitesse ne fait donc, finalement, que révéler la faiblesse, sinon la vacuité des ambitions humaines.

Qu'est-ce qui pourrait donc justifier cette absence d'objectif à long terme et ce repli sur le court terme ? Qu'est-ce qui pourrait légitimer la mise en place d'un principe de précaution à outrance particulièrement onéreux qui verrouille tout un système ? La réponse, encore une fois, est à trouver du côté du « complot ». Tout se passe en effet comme si la génération des *baby boomers* avait intérêt à ralentir la dynamique d'accélération qui est à l'œuvre pour préserver ses propres intérêts. Le monde de la vitesse et de l'accélération qu'ils ont créé leur échappe. Ils n'en ont plus le contrôle. Ils ont gagné la première manche et sont en passe de perdre la prochaine. La balle est désormais dans le camp des jeunes générations, qui se sont adaptées à ce monde de plus en plus rapide, complexe et désordonné.

Chapitre 3

Ordre et désordre

Je suis confortablement installé dans un fauteuil de couleur beige. Mes bras reposent sur deux accoudoirs bien rembourrés. Face à moi, au centre de la table de jardin qui fait office de bureau, trône mon ordinateur personnel, mon compagnon, qui ne me quitte jamais. À gauche, à quelques centimètres de mon clavier, j'aperçois mon téléphone mobile, bien silencieux en ce dimanche ensoleillé. Aucun autre objet, aucun dossier n'est, à cet instant, posé sur ce bureau. Il y a une raison à cela : ce bureau, je l'ai rangé ce matin. Hier soir, pourtant, lorsque je m'étais fixé la résolution d'y mettre de l'ordre, y régnait une situation chaotique. Si vous aviez été près de moi à ce moment-là, vous auriez pu observer quelques stylos que je ne me souviens pas d'avoir achetés, des courriers administratifs en attente de classement, des publicités adressées par des enseignes de grande distribution, une canette de soda à moitié consommée, un câble dont je n'ai plus l'utilité, quelques livres terminés et d'autres qui ne le seront jamais, et j'en passe…

Après la satisfaction immédiate qui suivit le rangement de mon bureau, ce matin, je ne puis m'empêcher d'entamer une réflexion sur l'ordre et le désordre. Et de m'interroger : pourquoi mon bureau ne peut-il pas rester définitivement rangé, ordonné ? Pourquoi le désordre tend-il toujours à l'emporter sur l'ordre ? Car ce que j'ai vécu ce matin dans mon bureau, nous le vivons tous dans notre quotidien dans des espaces différents : la chambre du petit, le garage, le tiroir de la table de chevet… Pourquoi sommes-nous incapables d'y faire régner une situation d'ordre permanent ?

L'entropie de l'univers augmente

Connaissez-vous le mot entropie ? Ce terme plutôt barbare permet pourtant d'expliquer ce qui précède. Deuxième principe de ce que l'on appelle la thermodynamique, l'entropie définit le degré de désordre d'un système. En quoi le phénomène de l'entropie nous intéresse-t-il, ici ? Précisément parce qu'une loi immuable lui est associée : l'entropie de l'univers augmente.

En d'autres termes, on ne peut corriger une situation de désordre et rétablir une situation d'ordre que si l'on crée pour cela une situation de désordre encore plus importante. Reprenons l'exemple du bureau. La table de votre bureau est un objet inerte qui correspond en soi à une situation d'ordre : cet objet a été, est, et il sera, à condition toutefois que rien ne vienne troubler son état de stabilité. En travaillant dessus, vous dispersez progressivement des notes, posez certains objets ici ou là. Il s'établit alors une situation de désordre à laquelle vous décidez de remédier. Ce faisant, vous dépensez vous-même l'énergie que vous avez gagnée en consommant, par exemple, un café au lait au petit déjeuner. Café au lait qui, lui-même, est la résultante d'un désordre : la traite d'une vache en Normandie et dont le transport routier a émis du dioxyde de carbone ; et l'extraction de graines de café en Colombie, dont l'acheminement par bateau a quelque peu déstabilisé la flore et la faune marines. Puis, vous ramassez les papiers inutiles ou publicités posés sur votre bureau et les transférez dans une poubelle, poubelle qui, par définition, est un ensemble chaotique. Je vous épargne l'état de désordre occasionné par les conséquences de la gestion de ces déchets.

Un autre exemple pour la clarté de la démonstration : prenez une poignée de sable sec et fermez votre main. Le sable est alors dans une situation d'ordre relatif. Lancez ce sable d'un mouvement tonique et observez cette scène image par image. Dans les centièmes de secondes qui suivent votre geste, le sable en suspension dans l'air est globalement encore bien structuré. Dans les dixièmes de secondes qui suivent, il tend à se déstructurer. Deux secondes plus tard, lorsque le sable est retombé au sol, règne alors sur une dizaine de mètres carrés une situation de désordre. La probabilité pour que cette poignée de sable atterrisse en l'état au sol existe, mais elle est infiniment faible. La situation de désordre est donc infiniment plus probable que la situation d'ordre.

Cet exemple de la poignée de sable est une métaphore qui va nous aider à définir deux concepts qui peuvent

parfois se révéler inintelligibles : l'univers et son évolution dans l'espace et le temps. Selon la thèse la plus couramment admise aujourd'hui, l'univers était, il y a
quinze milliards d'années, dans une situation comparable à celle de la poignée de sable : ordonné et concentré. C'est alors que serait intervenu le Big Bang,
gigantesque explosion dotée d'une énergie colossale qui
aurait dispersé la matière. Aujourd'hui, l'univers serait
encore en expansion, porté par la dynamique créée lors
de ce Big Bang. Les galaxies, du reste, continuent de
s'éloigner les unes des autres. L'univers est donc de plus
en plus complexe : des gaz se mélangent de façon expé-
rimentale, des combinaisons inédites se mettent en
œuvre. Certaines de ces combinaisons sont vaines.
D'autres sont créatrices. Tel est le miracle de la vie. C'est
ainsi que la formule citée plus haut « l'entropie de l'univers augmente » explique en partie le fait que je puisse
écrire ces lignes aujourd'hui et que vous puissiez les lire
aussi. Nous sommes les conséquences d'une situation de
désordre, nous sommes les enfants de l'entropie.

L'univers, le vivant et l'homme

Si l'entropie de l'univers augmente, ce que nous pourrions dénommer par extension l'entropie du vivant
augmente également. Jamais, dans l'histoire du vivant,
le nombre d'espèces n'a été aussi important sur Terre.
On estime, selon les spécialistes, entre dix millions et
cent millions le nombre d'espèces différentes vivant
sur notre planète. La nature se montre toujours plus
créative et tente des expérimentations nouvelles.

Ainsi, chaque année, des dizaines de nouvelles espèces font leur apparition.

Vous pourriez me rétorquer que si les espèces n'ont jamais été aussi nombreuses, jamais également les espèces menacées n'ont été aussi nombreuses. Et vous auriez raison. Les actions de l'homme dans son environnement pourraient être à l'origine d'une nouvelle grande extinction, qui serait la sixième du genre. D'ici à 2050, on estime que la moitié des espèces vivantes aura disparu.

Quels sont les effets d'une extinction de masse, sur l'ordre ou le désordre du système ? Nous pourrions penser que chacune des grandes extinctions rétablit une situation d'ordre relatif. Eh bien, il n'en est rien. Au contraire, même : il y a dans l'entropie quelque chose d'inexorable, de quasiment programmé. En effet, après chacune des cinq grandes extinctions qui nous ont précédés, la biodiversité a été profondément renforcée. Il y a soixante-cinq millions d'années, une météorite s'abat au Mexique, dans la péninsule du Yucatan, provoquant la disparition de 90 % des espèces vivantes, au premier rang desquelles les dinosaures, qui peuplaient alors notre planète. C'est grâce à cette extinction qu'ont pu se développer, quelques millions d'années plus tard, des espèces de plus petite taille, tels les mammifères, dont les hommes sont aujourd'hui des représentants.

L'univers est de plus en plus complexe. La nature est aussi de plus en plus complexe. En toute logique, vous partagerez avec moi l'idée selon laquelle l'homme est également de plus en plus complexe.

D'un point de vue biologique, un nouveau-né est beaucoup moins complexe qu'un adulte, tellement moins complexe que certaines des cellules à la naissance jouent un rôle de cellules souches, c'est-à-dire totalement neutres. Il en est de même d'un point de vue intellectuel : l'adulte a été instruit, éduqué. Il a ensuite développé des convictions, un sens critique.

De façon générale, l'avènement de l'Homo sapiens sapiens, espèce à laquelle nous appartenons, est le résultat d'un processus de complexification continu qui a successivement fait des australopithèques, des Homo habilis, puis des Homo erectus des êtres de plus en plus complexes. Nos molécules d'ADN, qui déterminent notre information génétique, sont longues, complexes et tortueuses. Notre boîte crânienne et notre cerveau sont de taille bien supérieure aux espèces qui nous ont précédés. Notre système nerveux comprend ainsi cent milliards de neurones reliés entre eux en réseau. Lorsque l'on sait que l'homme n'utilise que dix pour cent de ses capacités cérébrales, on imagine alors la complexité biologique qui pourrait être celle de nos descendants dans les milliers d'années à venir et la situation de complexité, pour ne pas dire de désordre, qui pourrait en découler.

Irrésistible complexité

L'homme est donc une espèce de plus en plus complexe et désordonnée, au sens défini plus haut par le principe d'entropie, espèce qui évolue dans un écosystème de plus en plus complexe et désordonné, éco-système qui s'inscrit lui-même dans un univers de plus en plus complexe et désordonné.

Dès lors, comment s'étonner que les réalisations et les actions de l'homme soient de plus en plus complexes et obéissent fatalement à ce principe de désordre ? Pour reprendre le début de mon propos, le désordre qui s'empare invariablement de mon bureau, de mon tiroir ou de mon garage obéit exactement au même principe. De la même façon que l'entropie de l'univers augmente, l'entropie de mon bureau, de mon tiroir et de mon garage augmente également.

L'exemple de l'économie est, de ce point de vue, très éloquent. Le commerce a été inventé il y a plus de cinq mille ans par les Sumériens sous la forme du troc. Répondant d'abord à une logique très rudimentaire, les processus se sont progressivement complexifiés pour aboutir rapidement à la création de l'écriture, nécessaire à la tenue d'une comptabilité. La monnaie apparut quelques siècles plus tard et fit office d'unité de compte. Puis, vint la nécessité de créer des banques pour stocker cette monnaie. L'homme inventa ensuite le crédit pour faciliter le financement de ses investissements… La mondialisation des échanges et le développement des technologies de communication en temps réel ont plus tard abouti à des situations d'une rare complexité. Le concept même de *produit dérivé* en témoigne. Comment peut-on en arriver à gagner sur une action à la baisse ? C'est tout le miracle de l'ingénierie financière. *Subprimes, hedge funds*, LBO, dette mezzanine, fonds souverains, *warrants* : autant de termes incompréhensibles pour la plupart d'entre nous et qui sont pourtant au cœur d'un système économique de plus en plus complexe et désordonné. D'ailleurs, si la crise financière de 2008 n'a pas abouti à un effondrement global du système, c'est bien parce que les particuliers ne se sont pas présentés à leur banque pour retirer leurs liquidités, comme ce fut le cas en 1929. Et pour cause : l'opinion publique était incapable de prendre la mesure d'une situation de désordre extrêmement complexe et technique. Les financiers eux-mêmes furent dépassés. Au plus fort de la crise, aucune banque n'était en situation de connaître son degré exact d'exposition au risque des *subprimes* américains. Plus grave encore, et c'est ma conviction, les banquiers centraux et les grands argentiers du monde n'ont pas, non plus, la maîtrise du jeu.

L'économie, invention de l'homme, répond donc à un principe de désordre. Son entropie augmente. Il en est de même pour un autre domaine qui est aussi le propre de l'homme : les relations sociales. Avec l'Internet et les réseaux sociaux, chaque individu peut accroître de manière exponentielle son réseau et ses échanges. Des services tels que Facebook permettent à chacun de gérer et de communiquer en temps réel avec une communauté de plusieurs centaines « d'amis ». D'un réseau très compact structuré autour de sa cellule familiale et amicale, l'homme partage désormais sa vie avec un réseau bien plus complexe, dans lequel plusieurs sous-réseaux s'entremêlent. Si bien que chaque être humain vivant sur Terre est désormais relié par son réseau à n'importe quel autre être humain par une chaîne de cinq personnes au maximum. Autrement dit, cinq personnes au maximum vous relient au président des États-Unis d'Amérique ou au paysan du Bangladesh.

Nous le voyons bien, il y a dans l'entropie quelque chose d'irrésistible. L'accélération du temps et la valorisation de la vitesse ne sont pas des créations de l'homme. Elles ne sont pas la conséquence du développement de l'Internet ni des technologies de communication. Elles résultent du phénomène de l'entropie. L'homme, témoin de cette augmentation de l'entropie, se contente de créer les conditions de son adaptation. C'est la raison pour laquelle chaque génération bâtit les outils qui accentue l'entropie de la génération qui lui succède. La génération qui entra dans la vie active dans les années soixante est celle qui développa l'électricité nucléaire, inventa les trains à grande vitesse, ou encore l'Internet. À une période où le temps semblait s'écouler plus lentement, ont été mis au point les outils qui allaient contribuer à créer un futur plus complexe et plus incertain. Ce cadeau *a priori* empoisonné, légué par les générations de l'après-guerre, contient pourtant une clé : les outils qui accentuent l'entropie du monde sont particulièrement adaptés aux comportements des jeunes générations. Pour la première fois, elles ont à leur disposition une possibilité inédite de reprendre le pouvoir. Sommes-nous à l'aube d'un changement de temps ?

Chapitre 4

Génération texto

Alors que j'étais étudiant en classe préparatoire, j'ai eu la chance d'avoir un professeur de philosophie brillant et pédagogue. Lors d'une discussion à l'issue d'un cours sur le temps qui passe, il me mit en garde contre un syndrome dont nous serions tous atteints un jour ou l'autre, le syndrome du « vieux con ». Qui ne s'est pas dit, à un moment donné de sa vie, que « c'était mieux avant », que « les choses ne sont plus ce qu'elles étaient » ou encore, en référence au passé, que « c'était la belle époque » ? Monsieur Legrand, c'était son nom, me disait que le jour où je serai amené à prononcer ces phrases, cela signifierait que je ferais partie du passé. Jugement sévère pour expliquer que le monde ne change pas, mais que seuls les individus évoluent.

« C'était mieux avant »

Il y a quelques semaines, je participais à une table ronde, au cours de laquelle nous avons notamment abordé les sujets du pouvoir et de la démocratie. Très vite, dans le déroulé de notre conversation, le débat se porta sur la jeunesse : les jeunes d'aujourd'hui ne savent plus écrire ni compter ; le niveau global de l'éducation nationale a baissé ; les jeunes ne maîtrisent même plus les bases de l'orthographe ; le baccalauréat n'est plus ce qu'il était ; les jeunes ne cherchent plus à faire carrière et privilégient désormais leur vie personnelle et la qualité de vie ; ils ne sont pas aussi entrepreneurs que leurs parents ; soixante-dix pour cent d'entre eux veulent devenir fonctionnaires…

Je dois reconnaître que je contribuai activement à ce débat. Mon propos portait spécifiquement sur la baisse du niveau global de l'éducation, propos auquel beaucoup autour de la table adhéraient.

Je partis du constat que l'éducation nationale française était la deuxième administration du monde en terme d'effectif, après les chemins de fer indiens et devant l'armée des États-Unis. Avec de tels moyens mis à sa disposition (l'éducation nationale représente le premier poste du budget de l'État), nous pourrions nous attendre à une transmission du savoir irréprochable et de haute qualité. Et pourtant, c'est loin d'être le cas. Prenons l'exemple d'un jeune au collège, à la fin des années quatre-vingt-dix. Celui-ci a été témoin de deux changements de paradigmes majeurs : d'une part, les fondamentaux que sont la lecture, l'écriture et le calcul ont été étonnamment relégués au second plan, au profit d'une hypothétique culture générale et du développement de l'esprit critique. De façon parallèle, ce collégien s'est rapidement accaparé la technologie SMS, pour en faire son moyen de communication principal. Et derrière cette technologie s'est développée une syntaxe : textes courts composés de manière phonétique, sans ponctuation et sans accent.

Le développement de ce langage texto, que nous connaissons maintenant depuis quinze ans, ne nous a pas plus inquiétés que cela. Mais il s'agissait en vérité d'une vraie bombe à retardement.

Aujourd'hui, en effet, cette génération texto, que l'on appelle aussi génération Y, commence à arriver sur le marché du travail, et là, le constat est tout simplement édifiant. En tant que chef d'entreprise, j'ai été amené à rencontrer, depuis dix ans, un très grand nombre de candidats au recrutement. À chaque fois, j'ai sélectionné les candidats sur la base de leurs motivations et de leurs compétences. Quoi de plus naturel ? Seulement, depuis deux ans, les séances de recrutement se révèlent de plus en plus surréalistes. Nous en arrivons à demander combien font huit fois huit (ce à quoi la moitié des candidats se révèle incapable de répondre), ainsi qu'à organiser des dictées ! Et quand « l'eucalyptus » est orthographié « le cas liptus », « occupé » est orthographié « OQP » ou « inachevé » est orthographié « in HEV », on commence réellement à se poser des questions de fond.

Les conséquences de l'émergence de cette génération texto sont particulièrement importantes dans le pays au monde où il s'envoie le plus de messages écrits par téléphone, c'est-à-dire la Chine. Contrairement aux langues latines qui sont constituées de vingt-six caractères, le chinois présente des dizaines de milliers de caractères uniques. Cette langue organisée en idéogrammes est un fondement de la culture chinoise. Or, il se trouve que les jeunes Chinois, du fait d'une communication écrite par téléphone portable, utilisent désormais de plus en plus une écriture phonétique, au détriment de la tradition-nelle écriture graphique. D'où la crainte d'une partie des intellectuels chinois, aujourd'hui, qui présentent les textos comme les bourreaux de la civilisation chinoise.

Passé cet exposé, qui me valut moult approbations au sein de mon groupe de réflexion, tous les participants y allèrent de leurs observations personnelles. Une dirigeante d'un grand groupe de conseil en stratégie expliqua qu'elle avait de plus en plus de mal à attirer des profils de haut niveau dans un secteur d'activité où la dévotion pour son travail devait être complète. Elle raconta l'anecdote selon laquelle l'un de ses cadres est venu la rencontrer pour lui demander une diminution de salaire – chose pour le moins inhabituelle – en con-trepartie de plus de temps libre.

Une journaliste et sociologue, qui s'intéresse de près aux questions de génération, témoigna du désintérêt croissant des jeunes générations à la chose publique, un peu comme si elles s'étaient résignées à ce que le pouvoir ne permît plus aucune marge de manœuvre, et que seule la cellule familiale comptait désormais.

Ne pas être un « vieux con »

À l'issue de cet échange, je ressentis comme un senti-ment d'insatisfaction. Je me remémorai en effet l'aver-tissement de mon professeur de philosophie, et je me devais d'admettre que nous avions tous eu, au cours de ce débat, et moi le premier, un raisonnement de « vieux con ».

Voilà pourquoi j'ai décidé de reprendre mon raisonnement très critique sur la génération texto, en m'interdisant cette fois d'y émettre un jugement de valeur de quelque nature que ce soit. Il ne s'agit donc pas de se demander si les choses sont moins bien ou mieux qu'avant, comme nous avons tous envie de le faire, mais plutôt de considérer ce mouvement comme inéluctable et de s'interroger sur ses conséquences sur l'évolution du monde.

« Je pense dans le mot », disait Maurice Merleau-Ponty. En d'autres termes, cela signifie que si la génération texto écrit en langage texto, c'est d'abord parce qu'elle pense en langage texto. Et c'est là que le raisonnement devient véritablement intéressant. Pourquoi ? Car cette génération texto développe un mode de pensée fondamentalement différent des générations précédentes. Un mode de pensée probablement plus compact et direct, qui fait abstraction de toutes les nuances et subtilités que nous permettent aujourd'hui nos langues. Et cela se manifeste même au niveau neurologique : un ami me racontait récemment un échange qu'il a eu l'occasion d'avoir avec Yves Coppens, le célèbre et passionnant paléo-anthropologue français, spécialiste des questions de l'évolution. Yves Coppens expliquait s'être livré, en compagnie de son fils âgé d'une quinzaine d'années, à une IRM cérébrale (imagerie à résonance magnétique). Les résultats furent très troublants : certaines zones cérébrales étaient en effet très actives chez son fils, alors qu'elles restaient inactives chez lui.

À n'en point douter, la jeune génération a su développer des facultés de synthèse, de rapidité et de gestion du multitâche sans précédent qui sont désormais quasi génétiques, et ceci au détriment de la nuance et de la précision. Dès lors, il nous est permis de nous interroger sur la nature de la mutation qui est actuellement à l'œuvre. Souvenez-vous du principe d'entropie que j'ai décrit dans le chapitre précédent. L'entropie est un principe fondamental de physique qui se matérialise par une augmentation du désordre et de la complexité, étant entendu qu'il est admis que « l'entropie de l'univers augmente ». Le cours de l'histoire va dans le sens de plus de désordre, plus de complexité. Or, désordre et complexité sont précisément deux vocables qui s'appliquent de façon criante à cette nouvelle génération, la génération texto.

Le culte que cette génération voue au zapping relève largement du principe de l'entropie. Et ce zapping est loin de n'être que télévisuel. Du reste, cela fait des années que la télévision n'est plus chez eux le média de référence. Le zapping s'est désormais étendu à presque tous les domaines de la vie. Il est amoureux et sexuel : les jeunes ont de plus en plus de partenaires et de plus en plus tôt. Il est professionnel : l'ère où l'on faisait carrière au sein d'une même entreprise est révolue. Il est amical : la communauté d'amis est désormais mouvante et multiforme, et les réseaux sociaux sur Internet ont banalisé l'idée d'« ajouter » ou de « supprimer » des amis. Il est économique : plus questions de faire confiance toute une vie à une marque d'automobiles comme ce fut le cas dans le passé pour beaucoup de familles. Ce zapping, il est enfin électoral : les jeunes générations peuvent accorder leurs suffrages alternativement à plusieurs partis ou mouvements, dès lors qu'ils voient un intérêt au vote, ce qui est loin d'être acquis.

Génération accélération

Alors quelles pourraient être les conséquences pour notre civilisation de l'avènement de cette génération entropique, cette génération mutante, cette génération du zapping ? Je rappelle que le désordre créé par l'entropie est à l'origine de combinaisons inédites qui peuvent parfois s'avérer très créatrices. Lorsque des éléments qui n'étaient pas programmés pour se rencontrer finissent par s'unir, cela peut être source d'une très grande énergie. D'après le modèle du Big Bang, c'est grâce à une situation de désordre et de complexité que des atomes ont pu se constituer en molécules, pour créer des étoiles, un système solaire, une planète Terre, et finalement la vie.

Cette génération développe précisément une hyper-créativité. C'est désormais elle qui dicte la tendance, ou *les* tendances, devrais-je nuancer. Parce que, là aussi, l'ère où il y avait une tendance dominante, déterminée par tel créateur ou tel intellectuel, est révolue. La tendance est désormais à une nébuleuse de tendances diverses et variées, influencées par la mode, les productions cinématographiques, les réseaux sociaux. La tendance ne peut plus être captée. Elle évolue en temps réel. Elle peut surgir de là où l'on ne l'attend pas.

Outre cette créativité débordante, cette génération développe des comportements nouveaux de nature à bouleverser considérablement les relations humaines. Cette génération ne s'inscrit pas dans la logique de conquête qui a animé celles qui l'ont précédée. Elle lui préfère la découverte. Cette génération n'est pas nationaliste. Elle est multiculturelle, polyglotte et multipolaire. Cette génération n'est pas belliqueuse. Elle est pacifiste. Cette génération n'est pas égoïste, ni individualiste. Elle privilégie le partage et la communication. Et cela quel que soit le pays du monde : que ce soit en France ou en Allemagne, aux États-Unis ou en Australie, en Chine ou en Inde, tous les jeunes sont aujourd'hui animés par les mêmes valeurs et les mêmes idéaux. Cette nouvelle génération est à l'antithèse de la génération « complots » que fut celle des *baby boomers*. Et c'est probablement ce qui la sauvera, tant les obstacles auxquels elle est confrontée, notamment dans le monde professionnel, sont immenses.

La génération texto est celle qui sera bientôt aux commandes de nos entreprises, de nos économies, de nos États. C'est à elle qu'appartiendra d'achever le travail entrepris par les générations qui l'ont précédé. Au fond, tout se passe comme si la génération des *baby boomers* avait créé les conditions d'un changement de vitesse, en inventant les outils qui allaient permettre une accélération de l'histoire et du temps ; comme si la génération des trentenaires et des quadragénaires devait opérer ce changement de vitesse ; et comme s'il appartenait aux jeunes issus de cette génération texto, que je dénommerai, dans le chapitre suivant, *Les nouveaux androïdes*, d'accélérer ce mouvement.

L'histoire du monde répond à une logique imparable.

Chapitre 5

Interconnexion

Internet est sans doute l'un des mots les plus puissants que le vocabulaire récent ait produit. Sa définition va en effet bien plus loin que l'on pourrait l'imaginer. Son étymologie fait certes à la base référence à un univers technique : *Internet* est un raccourci de *Interconnexion of networks*, ce qui signifie en français « Interconnexion des réseaux ». Mais de quels réseaux parle-t-on ? À l'évidence, des réseaux physiques, c'est-à-dire numériques. L'Internet est un maillage de serveurs et de bases de données reliés entre eux par voie de télécommunication, auxquels chacun peut venir se connecter *via* des terminaux numériques tels que les ordinateurs personnels ou les téléphones mobiles. Nous sommes là dans une approche purement technique du réseau : « un ensemble formé de lignes ou d'éléments qui communiquent ou s'entrecroisent », pour reprendre la définition du Petit Larousse.

L'interconnexion des humains

Pourtant, nous sentons tous que l'interconnexion a largement transcendé les réseaux numériques. Certes, l'Internet continue d'être un réseau de serveurs et de bases de données. Mais n'est-il pas aussi et surtout un formidable outil d'interconnexion des réseaux humains ? Grâce à l'Internet, nous sommes tous reliés à notre réseau familial, amical ou professionnel par un lien permanent. Ce lien s'est renforcé depuis le développement de ce que l'on appelle les réseaux sociaux, à savoir des services tels que Facebook ou Twitter. Ces plateformes communautaires vous permettent, à tout instant, de suivre « l'actualité » de vos amis à partir de votre ordinateur ou de votre téléphone mobile. Il y a dix ans, avoir une actualité était le propre des personnes connues. Aujourd'hui, ce terme s'applique à tous. Dans une société où l'égo est poussé à l'extrême et où la peopolisation fascine, les réseaux sociaux font de chaque personne un média à part entière, et lui donne plus que jamais le sentiment… d'exister.

L'interconnexion des humains va donc bien plus loin que le simple fait d'utiliser des outils de communication. Avec un téléphone, vous établissez un lien ponctuel qui durera le temps de l'appel téléphonique. Dans les réseaux sociaux, ce lien est permanent. Vous pouvez désormais avoir des nouvelles de votre réseau, vous enquérir de « l'actualité » de vos connaissances sans même avoir à établir un lien direct avec eux. Tout porte à croire que l'interconnexion est plus puissante que le concept de communication : temps réel et lien permanent sont les deux nouvelles dimensions de la communication interpersonnelle, deux nouveaux leviers qui, potentiellement, sont source de progrès et d'épanouissement. D'une certaine façon, l'interconnexion des humains que permet l'Internet inaugure un nouveau modèle de civilisation, dans lequel chacun contribue, partage, diffuse de l'information, participant ainsi à l'avènement d'une intelligence collective.

Est-ce à dire que tout va pour le mieux dans le meilleur des mondes ?

Les perspectives réjouissantes que laisse augurer cette interconnexion des humains ne doivent pas occulter les effets corollaires, voire pervers que peut entraîner cette interconnexion. Il est prouvé depuis plusieurs années que les jeux vidéo en réseau peuvent générer un sentiment de dépendance parfois très aigu, en particulier chez les jeunes générations. Ces jeux, dans lesquels vous évoluez dans un monde virtuel et où vous êtes représenté par un avatar, ont la particularité de se dérouler dans un univers en tout point parallèle au nôtre, qui continue de bouger et d'évoluer par l'action des autres joueurs, alors même que vous ne jouez pas. Les effets de cette addiction sont ravageurs : les accros aux jeux en réseau en arrivent à être dans la négation de leur vie sociale réelle et à se replier sur eux-mêmes. Pire encore, certains en oublient même de s'alimenter ou de dormir, privilégiant l'équilibre de leur avatar au leur. C'est la raison pour laquelle l'addiction aux jeux vidéo est aujourd'hui traitée comme un trouble psychologique qui relève parfois de la psychiatrie.

Là où les choses deviennent préoccupantes, c'est que les réseaux sociaux tendent à développer le même sentiment d'addiction que les jeux vidéo en réseau, toutes proportions gardées. Les chiffres parlent d'eux-mêmes. Aux États-Unis, par exemple, Facebook représente un quart de l'audience totale des pages Web. Autre chiffre éloquent, chaque utilisateur de Facebook (et il y en a maintenant plus de cinq cents millions dans le monde), passe en moyenne cinquante-cinq minutes par jour à suivre l'actualité de ses « amis » et à faire partager la sienne. J'ai pris la mesure du sentiment d'accoutumance que les réseaux sociaux pouvaient susciter lorsque j'ai entendu certains de mes amis prononcer des phrases telles que « j'ai décidé d'arrêter Facebook » ou « j'ai réussi à ne pas utiliser Facebook pendant mes vacances ». Remplacez, dans ces deux locutions, le mot *Facebook* par le mot *alcool* ou *cigarette*, et vous comprendrez que nous parlons ici d'une authentique dépendance. Sur le réseau social Twitter, qui consiste à faire partager à son réseau des informations lues dans la presse ou glanées au fil d'une navigation Internet, nombre d'utilisateurs commencent leur journée par saluer les membres de leur communauté, et la terminent en leur souhaitant une bonne nuit. Une preuve de plus, s'il en est, que les réseaux sociaux, s'ils vous connectent numériquement à vos communautés, tendent à vous déconnecter du monde réel. Ce mouvement tend par ailleurs à se prolonger dans la sphère professionnelle : une étude publiée récemment révèle qu'il est impossible pour un Français de rester concentré plus de douze minutes sur son travail sans être interrompu. En cause, les textos et appels personnels, les e-mails, et surtout... les réseaux sociaux.

Les nouveaux androïdes

Vous souvenez-vous du film de science-fiction *Blade Runner* ? Celui-ci est inspiré d'un roman de Philip K. Dick dont le titre est particulièrement évocateur : *Les androïdes rêvent-ils de moutons électriques ?* Un androïde est un robot qui a l'apparence d'un être humain. Dans la littérature de science-fiction, de nombreux livres font référence à ces androïdes qui prennent le pouvoir sur les êtres humains en développant une intelligence autonome. Mais la science-fiction se trompe toujours : prenez l'exemple de *Star Trek*, série dans laquelle les protagonistes pratiquent la téléportation mais continuent d'utiliser des téléphones… filaires ! La vision de vieux films de science-fiction prouve bien que l'innovation, le changement, viennent toujours là où on ne les attend pas. Il en est de même pour *Les androïdes rêvent-ils de moutons électriques ?* : à n'en point douter, les êtres humains ne cohabitent aujourd'hui avec aucun androïde, pas plus, du reste, qu'ils ne sont capables d'en créer. En revanche, les mêmes êtres humains rêvent désormais de moutons électriques, pour reprendre la métaphore de Philip K. Dick. En d'autres termes, que ce soit dans le cas des jeux vidéo ou des réseaux sociaux, beaucoup ne parviennent plus à distinguer le vrai du virtuel. Les addicts aux jeux vidéos et aux réseaux sociaux sont un peu les précurseurs d'une nouvelle espèce d'homme : des hommes qui ont fusionné avec leur avatar, ces personnages sensés les représenter dans l'univers virtuel. Des êtres mi-hommes et mi-robots. C'est bien là le véritable sens du mot androïde.

À ce stade, il est important de nous arrêter sur un terme très pernicieux, que nous avons tendance à utiliser dans un contexte toujours très positif : le temps réel. Nous vivons, dit-on, dans une société du temps réel ; l'Internet nous permet d'accéder à toutes les connaissances du monde en temps réel ; Facebook vous donne accès à vos amis en temps réel… Le temps réel tend donc à s'imposer à nous comme une évidence, parfois une force. Le temps réel glorifie le présent et l'instant. Cela signifie-t-il que les autres temps, en particulier le passé et le futur, sont des temps irréels ? Le terme de *temps réel* contient en effet en germe une dimension totalitaire : la réalité, le vrai est ce qui se rapporte au présent. Le reste ne serait qu'irréalité. Et quand l'on parle de réalité, de quelle réalité parle-t-on ? Qu'est-ce qui définit le temps réel ? Les machines, précisément. Nous y voilà. Le temps réel est donc le temps imposé par la technologie. Il faut dire que les machines, inertes et sans âme, n'existent par nature que dans le présent. Elles n'ont ni passé ni futur, aucune culture historique ni vision de l'avenir. La réalité est donc loin de ce que laissaient entrevoir les films de science-fiction dans lesquels les êtres humains s'opposaient aux androïdes : n'en déplaise aux auteurs de science-fiction, l'homme des années deux mille ne dispose guère des connaissances techniques ou scientifiques requises pour créer un androïde. L'homme moderne a cependant su inventer des technologies dont il se sert pour aller plus vite : les micro-ordinateurs, l'Internet, les téléphones portables… Ces technologies imposent leur temps, que l'homme a naïvement dénommé le temps réel. Ce faisant, il devient lui-même un androïde en puissance. Funeste horizon, n'est-ce pas ?

La « matrice » ?

Un autre terme communément utilisé renforce le sentiment que nous ne maîtrisons plus notre temps : le temps libre. Dans le langage courant, le temps libre correspond au temps que nous ne consacrons ni au sommeil ni à notre travail. Cette formulation est doublement absurde. D'une part, elle repose sur une opposition entre vie personnelle et vie professionnelle. Le travail serait ainsi une entrave à la liberté, alors qu'il est en réalité un moyen d'accéder à la liberté : c'est par le travail que nous pouvons nous accomplir en tant qu'êtres humains, et c'est par le travail que nous pouvons accéder à une certaine liberté d'action financière. Et d'autre part, si vous effectuez une action pendant votre temps libre, cela signifie par déduction que ce temps n'est plus libre, puisqu'il est occupé. Agir pendant son temps libre rend donc ce temps indisponible, par définition. Nous sommes donc ici dans une impasse : le temps libre ne serait qu'une illusion à laquelle nous ne pouvons jamais accéder. Dire de quelque chose qu'il est libre alors qu'il ne l'est pas procède de principes totalitaire, les mêmes que ceux qui ont imposé le temps réel en proclamant que le reste ne l'était pas.

Nous voilà donc piégés. Le temps réel est donc une matrice imposée par la technologie. Comme dans le film *The Matrix* des frères Wachowski, nous avons le sentiment d'évoluer dans le monde en totale liberté alors que nous ne sommes pas libres. Les machines ont pris le pouvoir. Non pas volontairement ou de leur propre gré : rappelons qu'elles n'ont ni intelligence, ni âme. Non, les machines ont pris le pouvoir par l'action et la volonté de l'homme, qui a la naïveté de penser que cela sert le progrès. Un comble.

Faut-il pour autant rejeter la technologie en bloc ? À l'évidence, elle peut être au service de l'homme et de la transmission de son savoir. Mais la maturité nous impose aussi une très grande vigilance, afin de ne pas être piégés par une matrice dont nous ignorons les effets. Les anciennes générations sont probablement protégées contre ce mal. Elles ont grandi dans un monde bien moins interconnecté qu'il ne l'est aujourd'hui. Elles pourraient très bien se passer de l'Internet. Elles font preuve de beaucoup de méfiance à l'égard des réseaux sociaux qu'elles n'utilisent que très peu. Les jeunes générations, elles, sont très vulnérables. Elles n'ont connu le monde qu'avec l'Internet et les téléphones portables. Manier une souris est une évidence dès la petite enfance. Dialoguer avec ses amis par textos ou sur les réseaux sociaux est un réflexe. Nous avons potentiellement, ici, une génération de mutants interconnectés, pour ne pas dire d'androïdes en puissance.

Il appartient donc à la génération intermédiaire, celle des trentenaires et des quadragénaires à laquelle j'appartiens, d'établir un juste équilibre et de faire le pont entre ces deux générations. La génération née dans les années soixante-dix et le début des années quatre-vingt a connu le monde sans interconnexion, et a su se l'approprier et s'adapter lorsque cette interconnexion s'est présentée. Cette génération est très attachée aux valeurs, à la langue française, mais a accepté l'idée que les jeunes générations développent leurs compétences ailleurs. Du reste, c'est probablement elle qui aura la légitimité de redonner envie à ces jeunes générations de s'interroger sur ses origines et d'utiliser la technologie pour ce qu'elle est, c'est-à-dire un formidable outil au service de l'homme, et non pas un outil qui asservit l'homme.

Cette génération intermédiaire, dont nous avons pu dire qu'elle est prise en étau entre une génération privilégiée née après la Seconde Guerre mondiale, et une génération d'enfants androïdes nés après les années quatre-vingt-dix, est peut-être le chaînon manquant qui fera en sorte que le futur soit à la fois innovant, imprévisible, mais également juste et équilibré. À eux, à nous de passer à l'action.

Chapitre 6

Le temps de l'action

Connaissez-vous Chronos et Kairos ? Vous souvenez-vous des représentations que les Grecs se faisaient du temps ?

Chronos était le Dieu du temps. Il incarnait le temps ordinaire, le temps tel que nous le concevons tous encore aujourd'hui. Ce temps, nous le définissons par un passé, un présent et un futur. Le passé désigne un espace réel qui a été mais qui n'est plus. Le futur désigne un espace qui n'existe pas encore, mais dans lequel nous tâchons de nous projeter. Le présent, lui, n'existe pas, car dès lors qu'il survient, il entre dans le passé. De là, sans doute, la crainte que nous avons tous du temps qui passe. Le temps *chronos* est un temps quantitatif qui se mesure en unités de temps que sont la seconde, le mois ou l'année. Le temps chronos, c'est celui dont parle Charles Baudelaire dans son poème *L'Horloge*, ce « Dieu sinistre, effrayant, impassible. Dont le doigt nous dit : "Souviens-toi !" » Cette horloge, dans laquelle « Trois mille six cents fois par heure la seconde chuchote : Souviens-toi ! – Rapide, avec sa voix d'insecte, maintenant dit : Je suis Autrefois... »

Kairos représentait une autre forme de temps qui ne peut pas être mesuré par l'horloge. Il représente le moment opportun, ou le bon moment pour agir, mais aussi la bonne distance pour toucher sa cible. Le définir plus précisément est difficile. Même un philosophe tel que Jankélévitch, qui a beaucoup réfléchi sur la question du *kairos*, n'a pas réussi à lui trouver une définition claire et intelligible. Sans doute les exemples qui vont suivre vont-ils nous permettre de ressentir la puissance et la singularité de ce concept. Le kairos n'est pas un temps quantitatif mais un temps qualitatif bel et bien ancré dans un présent et qui en définit la profondeur. Il relève d'avantage du ressenti que de la mesure physique. C'est le moment où tout bascule. Les médecins antiques le décrivaient comme l'instant critique où la maladie pouvait évoluer vers la guérison ou vers la mort. Chacun d'entre nous a pu côtoyer ce kairos dans sa propre vie. Parmi toutes vos soirées d'anniversaire, n'y en a-t-il pas une dont vous vous souvenez tout particulièrement, parce qu'elle a pu, par exemple, porter une charge émotionnelle extrêmement forte ? Qui n'est pas en mesure d'identifier dans sa vie des moments clés où des choses se sont décidées ? Des rencontres marquantes, un succès à un concours, une discussion houleuse ?

Dans le chronos, tous les 11 septembre ont la même valeur. Dans le kairos, le 11 septembre 2001 revêt une puissance toute particulière. Chacun, d'ailleurs, est en mesure de se souvenir de ce qu'il faisait exactement au moment même où il a appris la nouvelle des attentats qui ont frappé le World Trade Center à New York. Peu de personnes, en revanche, se souviennent de ce qu'elles faisaient un jour plus tôt ou un jour plus tard. L'histoire est d'ailleurs parsemée d'instants qui relèvent du kairos : déclarations de guerre, traités de paix, grandes découvertes…

Un presque rien qui peut changer presque tout

Le kairos est le presque rien qui peut changer presque tout. Et cela est aussi vrai dans l'art : le beau est toujours aussi difficile à définir, car il dépend de très peu de choses. Si *La Joconde* de Léonard de Vinci est l'un des tableaux les plus appréciés dans le monde, ce n'est pas parce que Mona Lisa est remarquablement bien dessinée. Ce sont d'infimes détails qui font de ce portrait une œuvre monumentale, des détails qui ont su donner une âme à ce regard, à ce sourire… Au moment où Léonard de Vinci travaillait et retravaillait cette œuvre, il était en résonance absolue avec l'humanité.

Le moment défini par le kairos, c'est donc le moment très fugace où une opportunité se présente et où il faut savoir la saisir. Nous avons tous en mémoire ces manèges où nous devions tirer sur un pompon pour gagner un tour. Vous souvenez-vous de la forme de ces pompons ? Il s'agissait en réalité d'un petit personnage avec une touffe de cheveux sur l'arrière de la tête. Il se trouve que ce personnage est la représentation de la divinité que les Grecs nommaient Kairos. Dans la symbolique du pompon, vous aviez trois possibilités : soit vous ne le voyiez pas et ne le saisissiez pas. Soit vous le voyiez mais ne le saisissiez pas. Ou encore vous parveniez à le saisir. Dans ce cas-là, vous vous saisissiez du temps au sens du *kairos* et vous avez décroché… le pompon !

Le *kairos*, nous le voyons bien, est donc intimement lié à la notion d'action. C'est avec lui, et non avec le *chronos*, qu'une action sera réussie et que le cours des événements sera changé à jamais et de façon irréversible. Le principal enseignement de ce qui précède est que le succès et la réussite ne tiennent qu'à très peu de choses. Encore faut-il être en mesure de savoir capter, observer ces instants clés et déterminants. C'est probablement ce qui à fait écrire au poète Euripide que le *kairos* « est le meilleur des guides dans toute entreprise humaine ».

C'est la raison pour laquelle, en politique comme dans l'entreprise, le concept de bonne idée n'a pas de sens. En effet, une bonne idée ne peut pas se définir de façon absolue. Une bonne idée, c'est d'abord une idée qui est à un instant précis en adéquation, en phase avec son audience. Les exemples dans le marketing sont légion. Certains produits, par exemple, ont été lancés bien trop tôt, avant que le marché ne soit prêt à les adopter. Ils ont périclité avant leur heure de gloire. Prenons l'exemple de l'Internet, et en particulier des réseaux sociaux. Facebook est aujourd'hui l'une des entreprises les plus prospères et les plus puissantes du monde. Pourtant, le concept de communautés n'est pas nouveau. Souvenez-vous de MyYahoo en 1994, Mygale ou Geocities en 1995, Multimania en 1998, encore plus récemment MySpace, racheté plus de un demi-milliard de dollars en 2005 par Rupert Murdoch ? Tous ces sites développaient pourtant résolument une philosophie communautaire. Tous auraient pu devenir des Facebook en puissance. Ils ont malheureusement été créés trop tôt.

De la même façon, investir massivement dans des voitures électriques dans les années quatre-vingt n'aurait pas été habile de la part des constructeurs. Les expérimentations réalisées dans les années quatre-vingt-dix n'ont du reste guère été concluantes. Ce n'est qu'à partir des années deux mille que les habitants des pays développés ont commencé à être sensibilisés par les questions relatives à l'émission des gaz à effets de serre. Une règle fondamentale du marketing consiste donc à ne partir ni trop tard, ni trop tôt. Le marketing juste et efficace, c'est le marketing du *kairos*, c'est celui qui s'adresse à son marché au moment opportun. Ni avant, ni après.

Ce raisonnement s'applique également à la vie politique. Certaines idées ne doivent pas être promues trop tôt, faute de quoi elles se heurteraient à des réticences de la part de l'opinion publique. En politique comme dans l'entreprise, il faut être en phase avec son audience et avec les aspirations du moment. Si Jacques Chirac a gagné l'élection présidentielle de 1995, c'est parce qu'il a pu toucher les électeurs avec son concept de fracture sociale. S'il a pu gagner celle de 2002, c'est qu'il a su sentir que la sécurité était devenue la préoccupation majeure des Français. Inversons les choses, et imaginons un instant qu'il ait fait sa campagne de 1995 sur le thème de la sécurité et celle de 2002 sur le thème de la fracture sociale. Sans doute aurait-il été en décalage profond avec l'opinion publique et aurait-il été battu. Un exemple encore plus récent : lors de l'élection présidentielle de 2007, Ségolène Royal a effectué sa campagne sur le thème de la démocratie participative. Force est de reconnaître que l'idée qui consiste à dialoguer avec ses électeurs et à les faire participer activement au débat relève d'une nouvelle façon d'appréhender la démocratie. Cette idée est tellement révolutionnaire qu'elle a permis à Barack Obama de gagner les élections présidentielles américaines un an et demi plus tard. Il aurait fallu, pour Ségolène Royal, que la même élection présidentielle française se tienne deux ans plus tard, et sans doute alors son discours aurait-il pu être davantage entendu.

Briser les chaînes du temps

Depuis notre naissance, nous avons évolué dans un espace temporel uniquement défini par le chronos, sans percevoir la dimension offerte par le kairos. Ce chronos, nous sommes liés à lui depuis la nuit des temps. C'est lui qui est le maître des saisons, des jours et de la nuit. C'est lui qui nous oblige à porter une montre et à tenir un agenda. L'accélération qui s'impose à nous depuis plusieurs décennies relève encore du chronos. Il y a aussi autre chose : nous vivons dans une époque où le silence et l'immobilité sont devenus suspects, une époque où chacun doit en permanence être en action afin de pouvoir prouver son efficacité. Il y a quarante ans, un chef d'entreprise pouvait rester des heures dans son bureau à penser. Aujourd'hui, une telle attitude pourrait être interprétée comme de l'ennui ou du désintérêt. Il en est de même en politique : un gouvernant doit se montrer en permanence sur tous les fronts, être présents, réagir au moindre événement. Une absence de la scène médiatique pendant quelques semaines laisserait libre cours aux rumeurs les plus folles ou ferait l'objet de vives contestations. Cette dictature du mouvement, c'est le chronos, encore lui, qui nous la dicte.

Il nous faut donc briser les chaînes que le chronos nous impose, et tenter de découvrir l'espace temporel dans une autre dimension, celle du kairos. C'est cette nouvelle dimension qui nous permettra de mettre à jour un nouveau champ du possible. Tout cela me fait penser à l'allégorie de la caverne, écrite par Platon dans le livre VII de *La République*. Cette fable décrit des personnages enchaînés dans une grotte. Leur quotidien se résume à observer des ombres projetées sur la paroi du mur qui leur fait face. Ayant toujours vécu dans cet espace sans pouvoir en sortir, ces ombres correspondent donc pour ces individus à une réalité, à leur réalité. Un jour, l'un d'entre eux parvient à rompre les chaînes qui le tenaient immobile, et parvient à sortir de la caverne. Et là, il découvre une toute autre réalité, une réalité plus complexe dont les ombres observées jusqu'alors n'étaient qu'une évocation ultrasimplifiée.

Chacun a les moyens de briser les chaînes du chronos, de défier la tyrannie de l'accélération et la dictature du mouvement. Encore faut-il s'en donner les moyens. Parmi ces moyens, il y a la nécessité absolue de prendre son temps, au sens chronos du terme. L'on comprend alors mieux des expressions telles que « Il faut donner du temps au temps », ou « Chaque chose en son temps », ou encore « Rien ne sert de courir, il faut partir à point ». En prenant du temps, c'est-à-dire en acceptant l'idée d'en perdre de façon apparente, nous nous rendons davantage disponibles pour explorer la nouvelle dimension du temps, celles du kairos, et de saisir les opportunités qu'elle offre dans la profondeur du temps.

Le temps du kairos est donc bien plus en phase avec nos aspirations actuelles que celui du chronos. Il ne s'agit en effet plus de subir le temps qui passe, le chronos, mais d'essayer plutôt de capter les instants qui relèvent du kairos. Ce n'est plus ce temps qui se décrit de façon linéaire par un passé, un présent et un futur. Il se définit par sa profondeur, et se traduit par la capacité que nous pourrions développer, individuellement et collectivement, à agir au moment opportun.

Apporter quelque chose de neuf au monde

Vous pourriez me rétorquer alors que saisir une opportunité n'est pas donné à tous, que cela dépend d'un environnement éducatif, familial et social ; qu'en fonction de la zone géographique du monde dans laquelle vous vivez, vous avez plus ou moins de chances de réussir. Vous auriez raison. Cette observation aurait cependant été particulièrement pertinente il y a quelques années. Mais depuis, le monde a changé. Nous vivons désormais dans un monde où l'information est accessible à tous en temps réel, dans un monde où les êtres humains sont interconnectés, dans un monde où l'entropie, c'est-à-dire le désordre et la complexité, augmentent à vue d'œil… N'est-on pas forcé de reconnaître que le monde d'aujourd'hui nous offre une foultitude d'opportunités, et ce à multiple niveaux ? Culturel, artistique, économique, entrepreneurial, intellectuel, amical, amoureux ? Au fond, les opportunités répondent aussi au principe d'entropie décrit à plusieurs reprises dans cet ouvrage : elles sont plus nombreuses, mais également plus complexes et désordonnées. Elles s'adressent à tous, mais en particulier aux jeunes générations qui sont plus en phase avec ce mouvement. Pour reprendre la métaphore du manège citée plus haut, nous jouons sur un manège où il y a désormais une multitude de pompons à décrocher. Mais parmi ces pompons, il y a le vôtre, celui qui vous conviendra à vous et pas à un autre. Les opportunités sont là. À chacun de pouvoir saisir celles qui lui correspondent.

Pour capter les opportunités offertes par le kairos, chacun devra développer son sens de l'observation, son sens du discernement et de la créativité. Je me souviens, en 1998, avoir été particulièrement marqué par une phrase de Jacques Attali, dans son *Dictionnaire du XXIe siècle*. Il décrivait le mot *création* de la façon suivante : « Première activité, de plus en plus valorisée dans tous les domaines : art, entreprise, éducation, etc. Jusqu'à ce que chacun devienne créateur de sa propre vie et puisse apporter quelque chose de neuf au monde. » Je dois l'avouer, cette phrase avait sonné chez le jeune de vingt-trois ans que j'étais comme une évidence. Elle m'a aidé à agir selon mes envies. J'aurais dû, comme la plupart de mes camarades, choisir de travailler dans une multinationale ou un grand cabinet de conseil. J'ai préféré, dès la sortie de l'école, entreprendre et créer.

Mais qu'est-ce que la créativité ? La créativité, c'est précisément savoir regarder dans de multiples directions, et pas seulement dans la direction la plus évidente. C'est savoir être dans le moule quand il le faut, mais hors du moule si nécessaire. C'est être en mesure de rapprocher des idées qui n'avaient pas vocation à l'être. C'est comme cela que l'homme sera définitivement capable de s'accomplir en tant qu'humain. C'est comme cela que nous pourrons, tous ensemble, apporter quelque chose de neuf au monde.

Bienvenue dans le temps de l'action et de la création.

Chapitre 7

S'ennuyer, observer, créer

La cathédrale de Cologne est le plus connu et le plus visité des monuments d'Allemagne. Cet édifice religieux de cent cinquante-sept mètres de haut est considéré comme un chef-d'œuvre de l'art gothique et figure sur la liste du patrimoine mondial de l'Unesco. En son sein, huit cloches dont la plus grande, la cloche Saint-Pierre, est la plus grosse cloche à volée balançante du monde. Les vitraux de la cathédrale sont parmi les plus éblouissants du XIVe siècle. Son maître-autel représentant la Vierge et les douze apôtres est grandiose. Plus exceptionnel encore, ce monument est censé abriter dans son reliquaire les cendres des Rois mages. Un visiteur de la cathédrale sera évidemment impressionné par tant de splendeurs et par la charge historique présente dans ce lieu sacré. Son premier regard se portera probablement sur les vitraux majestueux qui s'étendent sur la partie haute du bâtiment. Rares sont ceux qui auront l'idée et l'envie de regarder dans une direction opposée, vers le bas par exemple, en direction du plancher de la cathédrale. Ce sol, que tout visiteur foule sans même le percevoir, recèle pourtant une richesse : de gigantesques mosaïques de motifs floraux, des rosaces à la fois discrètes et imposantes que la complexité et la délicatesse ont rendues sublimes.

L'art de la création

Celui qui m'a formulé cette observation n'est pas un homme comme les autres. Il a su cultiver, au fil du temps, un sens de l'observation extrêmement aiguisé. Il sait porter son regard là ou les autres détournent le leur. Ce talent, il en a fait son métier. Lauris Olivier est aujourd'hui directeur de création dans le domaine de l'Internet, après avoir occupé les mêmes fonctions dans le monde de la mode et de la publicité. J'ai véritablement pris la mesure de son talent au cours d'un voyage que nous avons organisé à la montagne avec mes proches collaborateurs, dont il fait partie. Nous étions un groupe de plusieurs personnes, tous munis de notre appareil photo. Ce jour-là, nous avions tous parcouru les mêmes chemins, observé les mêmes paysages, remarqué les mêmes objets insolites. Et pourtant : les photos de Lauris Olivier étaient tout bonnement époustouflantes. Non qu'elles étaient esthétiquement plus abouties que les autres. Cela relèverait de la pure technicité. Non, ces photos portaient en elle une charge émotionnelle que personne dans le groupe n'a pu saisir. Une charge émotionnelle que seuls des infimes détails peuvent transmettre : une branche d'arbre à la forme étrange, une ombre singulière, une trace improbable dans la neige, un oiseau qui marche au milieu de nulle part.

C'est ainsi que je compris ce qu'est un créatif. Jusqu'alors, j'avais toujours pensé qu'il fallait, pour être créatif, présenter un savoir-faire technique : dessiner, composer, écrire… Mais cela n'est en réalité que secondaire. Le créatif est celui qui sait observer, ressentir, écouter le monde dans ce qu'il a de plus riche et spectaculaire. Le dire pourrait relever de l'évidence, mais la créativité est une qualité fondamentale pour créer, mais aussi pour agir et entreprendre. Dans le chapitre « Le temps de l'action », j'expliquais en quoi le kairos, à savoir le bon moment ou le moment opportun, se rapportait à l'idée d'un présent plus profond et plus riche, par opposition au chronos, qui incarne le temps linéaire tel que nous le concevons habituellement.

S'inscrire dans le kairos, c'est savoir saisir et capter les opportunités qui se présentent à nous à un instant précis. Si cette recommandation est intelligible, elle n'est pas facile à mettre en œuvre. Nous méconnaissons en effet profondément le monde qui nous entoure. Nous avons « la tête dans le guidon », pour employer une expression familière. Sans doute Gustave Flaubert avait-il vu juste en écrivant qu'une « évidence aveugle, quand elle ne crève pas les yeux ». Pourtant, les clés, les solutions sont toutes devant nous. En écoutant ses sens, en particulier en observant le monde qui nous entoure, il nous est possible de capter des instants, de ressentir des sensations dont nous nous priverions si nous n'élargissons pas notre champ d'observation.

Nous possédons tous en nous les facultés pour explorer ce kairos, à condition toutefois que nous le voulions, et surtout que nous en prenions le temps. Or, il se trouve que nous avons spontanément tous tendance à dépenser une énergie colossale pour lutter contre le chronos et ses effets. Cela est vain et constitue une perte de temps. Comment, en effet, ignorer l'accélération du temps que nous connaissons ? Comment ne pas céder à la tentation de la communication en temps réel que nous permettent désormais les réseaux numériques ? L'horloge, telle que définie par Charles Baudelaire dans son poème, est un ennemi contre lequel nul ne peut se battre. Pourquoi donc essayer de contrer l'inexorable ?

De telles attitudes récalcitrantes sont d'autant moins constructives que cette accélération du temps n'est fondamentalement pas si mauvaise. C'est à elle que nous devons le développement exponentiel des savoirs et des connaissances. C'est grâce à elle que nous pouvons repenser les conditions de la présence de l'homme sur la Terre, dans les pays économiquement prospères en opérant un rééquilibrage entre centres urbains et zones rurales, mais aussi dans les pays du Tiers Monde, en créant les conditions de l'avènement de la démocratie.

Le temps de la création

Ceux qui vous diront que la seule alternative consiste à ralentir sont des imposteurs. Pour ralentir, il convient en effet de déployer une énergie qui s'oppose à l'accélération du temps. N'est-ce pas là

profondément prétentieux ? Comment peut-on rai-
sonnablement prétendre lutter contre une force irrésistible sans que cela ne crée une situation de stress ?

L'unique possibilité, la seule qui vaille, consiste donc à
déployer son énergie dans le kairos plutôt que de
lutter contre le chronos. Dans le nouveau monde qui
se dessine, les hommes devront se donner le temps
d'observer, de réfléchir, de prendre du recul. C'est
ainsi que chacun stimulera sa créativité et, par là
même, sa capacité de création. Cette création pourra
revêtir de multiples formes : elle sera évidemment
artistique, mais aussi entrepreneuriale, architecturale,
politique, associative… Dans tous les cas, la création
sera ce qui permettra à l'homme de s'accomplir en
tant qu'être humain, et d'apporter quelque chose de
neuf au monde.

Et gardons-le en tête : les nouveaux outils d'accélération du temps qui s'inscrivent dans le chronos pour-
ront être mis à profit pour développer cette capacité
de création. L'Internet est certes une invention du
chronos, dans la mesure où il permet de raccourcir
considérablement les temps de communication. Il
peut cependant également donner accès au kairos, en
tant qu'outil d'interconnexion des réseaux, qu'ils
soient numériques, humains, artistiques ou politiques… Cette nouvelle appréhension du temps revient
donc à concevoir un temps à deux dimensions : une
dimension temporelle linéaire, celle du chronos, ainsi
qu'une dimension qui symbolise la profondeur du
temps, celle du kairos. C'est la raison pour laquelle

nous avons la chance de vivre ce bouleversement de notre rapport au temps, qui porte en germe une augmentation exponentielle du champ du possible. À deux dimensions, le temps devient désormais un espace dans lequel il est possible de se mouvoir. À condition, encore une fois, de prendre le temps.

François Mitterrand avait aussi une formule très forte, qui consistait à dire qu'il fallait savoir « mépriser l'événement et avoir la passion de l'indifférence ». En d'autres termes, cela sous-entendait que l'un des secrets de l'action réside dans la capacité à conserver une distance par rapport à la brutalité de chaque événement, et faire de chaque situation critique une expérience positive. Cette passion de l'indifférence, chacun doit être en mesure de l'appliquer, par exemple le chef d'entreprise. Tout comme les hommes politiques, le chef d'entreprise se doit en effet de répondre à un grand nombre de sollicitations, d'arbitrer des situations, de gérer des conflits impliquant des individus, de résister à des attaques incessantes de toute nature. Tout comme les hommes politiques, le chef d'entreprise est confronté à une grande solitude dans la prise de ses décisions. Seule la passion de l'indifférence et le mépris des événements peuvent l'aider à prendre ce recul si nécessaire et précieux, et à ne pas succomber à la tyrannie de l'accélération.

Savoir s'ennuyer, mépriser l'événement et avoir la passion de l'indifférence : nous pouvons tous développer ces qualités. Tout nous pousse, pourtant, dans les sociétés modernes, à être dans la négation de l'ennui.

Une question, par exemple, agite depuis quelques années le débat politique : faut-il autoriser le travail le dimanche ? J'ai longtemps pensé qu'interdire les entreprises et les commerces à ouvrir le dimanche, *a fortiori* dans le premier pays touristique du monde, était une entrave à la liberté d'entreprendre et de travailler. Je suis depuis revenu sur cette conviction. Pourquoi faudrait-il que le monde ne s'arrête jamais ? Les villes sont en effet des ruches bourdonnantes qui vous obligent à être en permanence dans l'action. Une mégapole telle que New York, par exemple, qui vit nuit et jour et sept jours sur sept, inspire un sentiment de culpabilité à celui qui décide de se poser, de méditer, de s'ennuyer. Ce sentiment est flagrant quand vous y séjournez. Tout, à New York, pousse au mouvement, à l'accélération. Et il en est de même dans toutes les grandes villes du monde. Le principe d'un repos hebdomadaire généralisé est donc un garde-fou contre un emballement urbain qui s'oppose fondamentalement à la prise de recul et à l'ennui, dès lors que celui-ci est voulu et non pas subi.

Évoquons également la question de la réduction du temps de travail. La loi sur les trente-cinq heures aurait été parfaitement en adéquation avec son époque si elle n'avait pas contribué à dévaloriser la valeur du travail. Si cette politique a été si contestée, c'est parce qu'elle reposait sur une opposition : la vie professionnelle contre la vie personnelle. Elle a présenté le travail comme une contrainte à l'épanouissement personnel et n'a pas été mise au profit de la création.

Il est difficile d'imaginer qu'une loi puisse libérer du temps de travail pour donner du temps personnel. Cela, nous venons de le voir, est contre-productif. À l'avenir, nous devrons plutôt libérer du temps de travail… pour mieux travailler ! Ce nouveau temps de travail, ce temps dégagé, est celui qui permettra à l'homme de s'interroger sur ce qu'il fait, de se rendre compte de ses erreurs et de ses potentiels. Il en est de même pour la vie dite personnelle : libérer du temps dans sa vie personnelle permettra de mettre à profit ce temps pour s'épanouir dans de nouveaux projets personnels, de s'interroger sur ce que l'on souhaite partager avec ses proches, ce que l'on peut apporter à ceux qui nous sont chers. Les expérimentations qui ont actuellement lieu dans l'éducation nationale relèvent de la même philosophie : libérer tous les après-midi dans l'emploi du temps des collégiens et des lycéens, afin de promouvoir les activités sportives, culturelles et artistiques.

Gagner du temps

Ces principes, j'essaie autant que possible de les appliquer dans ma vie de chef d'entreprise. Le mardi, par exemple, est une journée que nous qualifions de *nobody* (personne, en anglais), entendez par là sans rendez-vous ni déplacement. Une occasion rêvée, toute une journée durant, d'échanger avec mes collaborateurs, de réfléchir à nos projets. J'en suis arrivé à bloquer cette journée lorsque j'ai pris conscience que je subissais de plus en plus mon agenda professionnel.

Des rendez-vous et réunions parsemaient ma semaine sans me donner un temps suffisamment long et significatif pour réfléchir à l'essentiel. Dans le même esprit, nous avons instauré chaque semaine, avec mes proches collaborateurs, une réunion dite « hors du temps ». Durant deux heures, privés de nos téléphones portables, avec la consigne de ne pas nous solliciter, nous échangeons autour d'une table, sans ordre du jour. Deux heures pendant lesquelles naissent des projets, se révèlent des problématiques, s'échangent des idées... Pour un observateur extérieur, ce temps pourrait sembler perdu. En ce qui me concerne, pour rien au monde je ne renoncerai désormais à ce temps précieux.

Un autre exemple révèle aussi que perdre du temps peut parfois s'avérer nécessaire pour en gagner. S'offrir chaque jour un court moment de sieste peut s'apparenter à du temps perdu, en particulier dans un contexte professionnel. La dictature du mouvement qui nous incite à être dans l'activité permanente engendre cependant un effet corollaire : la fatigue chronique. Rendez-vous dans le quartier d'affaires de la Défense, près de Paris, et vous constaterez la charge de stress qui y réside. Le stress, c'est précisément ce qui arrive aux hommes lorsqu'ils se bornent à contrer le chronos au lieu de déployer leur énergie dans le kairos. C'est aussi la maladie du siècle, à l'origine de nombreux cancers et maladies cardiovasculaires. De nombreux scientifiques s'accordent pourtant à reconnaître que la sieste est un instant précieux de nature à générer un gain de productivité, de créativité et un bienfait en terme de santé. C'est aussi une vertu que possèdent les créateurs. Dans un ouvrage intitulé *L'Art de la sieste*, le scientifique américain William A. Anthony révèle que les grands de ce monde et les génies se donnaient tous le temps de faire cette précieuse pause : Winston Churchill, Napoléon Bonaparte, Johannes Brahms, Léonard de Vinci, Thomas Edison, Albert Einstein, John Kennedy, Ronald Reagan… Mais la société moderne, prise en otage par la nécessité d'aller vite, a inventé des outils chimiques pour contrecarrer ce besoin biologique : c'est ainsi que s'est répandue la consommation de café et de sodas à base de caféine dans les entreprises. Tout cela pour accélérer le temps, tout au moins de façon apparente.

Quoi de plus noble que de créer et d'entreprendre ? La création n'est-elle pas le plus haut degré d'accomplissement personnel ? À l'avenir, chacun d'entre nous aura la possibilité, s'il le désire, de devenir créateur. À deux conditions : prendre le temps, c'est-à-dire accepter l'idée d'en perdre. Et avoir pleine conscience de l'univers qui l'entoure.

S'ennuyer, observer pour mieux créer : sans doute avons-nous là l'élixir d'un nouveau modèle de civilisation.

Chapitre 8

L'espace et le temps

Nous sommes en l'année trente avant Jésus-Christ. L'empereur romain Auguste règne sur un empire qui s'étend de l'Atlantique au Moyen-Orient, de la mer du Nord au Maghreb. Soucieux d'être rapidement tenu informé des événements pouvant survenir sur l'ensemble de ses territoires, Auguste inventa le *cursus publicus*, un réseau de messagers à chevaux chargés d'assurer les transmissions d'informations militaires et stratégiques partout dans l'Empire. La mécanique de ce système était particulièrement bien rodée : des stations intermédiaires, sortes de relais de postes, espacées d'une cinquantaine de kilomètres chacune pour assurer l'entretien des montures ; des véhicules allant du char de course pour les nouvelles urgentes aux chariots à quatre roues pour les nouvelles secondaires ; des milliers de fonctionnaires... Malgré le caractère révolutionnaire de ce dispositif, celui-ci était limité par la vitesse du cheval : l'information ne pouvait donc parcourir que soixante-quinze à cent kilomètres par jour. À titre d'exemple, il fallait près de trois semaines pour acheminer une information de Rome à la Bretagne et plus de trois mois pour qu'elle traverse l'Empire.

Ce système de messagers à cheval, pensé et mis en œuvre par Auguste, s'est développé ensuite pendant près de deux mille ans et s'est imposé comme le système de communication de référence, jusqu'à l'arrivée des premiers télégraphes à la fin du XVIIIe siècle.

Journées de cheval

Pendant près de deux mille ans, donc, les distances étaient évaluées non pas en kilomètres ou en miles, mais en journées de cheval. C'est ainsi que Versailles était à sept journées de cheval d'Aix-en-Provence. Imaginez donc Louis XIV contacter Cardin Lebret, président du Parlement de Provence, pour une simple question. Il fallait donc au minimum sept jours pour que la question parvienne à Cardin Lebret, puis sept jours pour que la réponse revienne au roi. Cela impliquait donc pour l'un et pour l'autre d'être à la fois précis et exhaustifs dans leurs correspondances. Pas question, en effet, d'envisager plusieurs allers et retours entre Versailles et Aix-en-Provence pour apporter des précisions. L'esprit de synthèse devait être une qualité primordiale pour tout souverain de l'époque. En parallèle, la relation au temps était fatalement différente de ce qu'elle est aujourd'hui. L'urgence, pour une communication entre Versailles et Aix-en-Provence, relevait de la quinzaine de jours. Entre le moment où Louis XIV posait sa question et l'instant où il recevait sa réponse s'écoulait donc un temps précieux qui allait permettre au monarque de prendre une décision posée et raisonnée.

Ces longs délais de communication ont largement déterminé la façon dont se sont organisés les centres de pouvoir. La cour a été concentrée à Versailles en particulier pour que le roi puisse contacter et contrôler à tout instant l'ensemble de ses ministres et de ses conseillers. C'est aussi pour cette raison qu'a été inventé le concept de capitale, ce lieu de pouvoirs dans lequel est concentré l'ensemble des centres politiques et économiques : ministères, administrations, sièges sociaux… D'une façon plus générale, c'est ce qui a influencé l'organisation des zones urbaines du monde entier. Les villes ont en effet été conçues pour concentrer sur des zones géographiques très compactes des lieux de vie, des espaces professionnels ainsi que des activités de culture, d'éducation et de divertissement. Tout cela sans avoir à subir le temps.

Le temps et l'espace sont des concepts qui sont intimement liés. À défaut d'avoir pu maîtriser le temps (la vitesse du cheval n'est pas extensible à l'infini), l'homme s'est attelé à compenser en gérant son espace de façon compacte.

Nous vivons encore dans ce monde qui a été bâti en journées de cheval. La carte de France en porte les stigmates de façon flagrante : un pays hypercentralisé avec une région-capitale toute-puissante. Des structures administratives inutiles telles que les départements ; ces départements, dessinés par Napoléon pour faire en sorte que chaque citoyen ne soit pas à plus d'une journée de cheval de son chef-lieu…

Le temps de l'Internet

Revenons au *cursus publicus*, le premier réseau de communication basé sur des messagers à cheval, inventé par l'empereur romain Auguste à des fins militaires. Les guerres et les conquêtes ont souvent été à l'origine de grandes avancées pour l'humanité. En effet, pratiquement exactement deux mille ans plus tard, ce sont également des considérations militaires qui ont abouti, en 1969, à la mise en place du réseau Arpanet, l'ancêtre de l'Internet. Dans un contexte de guerre froide entre les États-Unis et l'Union soviétique, l'idée était de décentraliser les points de stockage de l'information, de sorte que si un centre d'information était bombardé, les autres devaient pouvoir prendre le relais.

Quarante ans plus tard, après avoir été adopté par les universités américaines puis les férus de nouveautés technologiques, l'Internet est désormais le système d'échange, d'information et de communication de référence. Nous vivons désormais dans un monde où l'information circule en temps réel et de façon abondante. Chacun est désormais en mesure de tout savoir, d'échanger et de partager avec n'importe quel autre être humain, quelles que soient les distances. Internet, c'est un peu le savoir universel, la mémoire du monde. Tout ce que vous publiez sur Internet et partagez avec vos amis sur les réseaux sociaux est désormais stocké de façon irréversible. Ma génération est, de ce point de vue, la première qui connaîtra une forme d'immortalité numérique.

Chaque événement qui survient dans le monde est immédiatement relayé. D'abord par les médias traditionnels, mais aussi désormais par les centaines de millions de micromédias que nous sommes tous, au travers des réseaux sociaux qui jouent désormais un rôle clé. Twitter, qui est un outil qui permet de diffuser une information en cent quarante caractères maximum, atteint trente milliards de publications.

Les échanges sont désormais plus nombreux mais moins précis. La richesse émane non pas de chaque information en tant que telle, mais de la nouvelle synthèse qui en découle. C'est cette nouvelle civilisation de la communication en temps réel qui nous donne désormais le sentiment que le temps s'accélère, que nous procédons à un changement de vitesse. Dans une unité de temps donnée, nous traitons désormais beaucoup plus d'informations que dans le passé. Nous réagissons plus vite. La densité d'événements est plus importante. J'en ai d'autant plus conscience que je fais partie de l'une des dernières générations à avoir connu le monde sans l'Internet et sans les téléphones portables. La jeunesse d'aujourd'hui, la génération texto, a ceci de singulier qu'elle n'a connu le monde que tel qu'il est aujourd'hui. Son esprit est façonné en conséquence. C'est elle qui incarne le mieux les enjeux portés par ce nouveau rapport au temps.

Les nouveaux espaces

Ce que nous constatons actuellement, c'est donc
d'une certaine façon la grande victoire de l'homme
sur le temps qui passe. Ne pouvant accélérer le temps,
celui décrit par la physique, l'homme a désormais les
moyens de l'accélérer de manière relative, en augmen-
tant sa densité. Le temps et l'espace étant intimement
liés, se pose donc inévitablement la question de
l'espace. L'homme a densifié son espace en créant des
métropoles car il ne maîtrisait pas le temps. Dès lors
qu'il est parvenu à densifier le temps, grâce aux nouvelles technologies d'information, quelles pourraient
être les conséquences sur l'espace ? En corollaire de la
densification du temps, il y a bien la perspective de
l'avènement d'un nouvel espace. L'enjeu est d'importance car, en germe, il y a la possibilité de réorganiser
les activités humaines sur la surface de la Terre. Peut-
être donc le plus grand projet de civilisation qui soit.

Depuis des décennies, l'homme s'évertue à définir des
politiques d'aménagement du territoire dans le but de
mieux répartir son espace. Toutes se sont pourtant
révélées vaines, tant il est difficile de lutter contre des
flux migratoires irrésistibles. L'Internet pourrait pourtant bien réussir là où tous les plans d'aménagement du
territoire mis en œuvre ont échoué. Comment ? Grâce
aux débouchés que permet désormais l'Internet à très
haut débit, qui pourrait être l'élément déclencheur
d'une nouvelle façon d'appréhender nos territoires.

Les réseaux numériques à haut-débit permettraient
d'interconnecter campagnes, villes, banlieues et

métropoles. Une ruralité moderne pourrait se développer, portée par des jeunes séduits par ce nouvel art de vivre. Une nouvelle organisation du travail, davantage basée sur le télétravail pourrait s'imposer. Les flux de migration vers les villes pourraient être non seulement stoppés, mais vraisemblablement inversés. Les services publics retrouveraient une nouvelle légitimité économique dans ces régions désormais redynamisées. Certains hôpitaux de campagne pourraient rouvrir, en profitant des perspectives offertes par la téléchirurgie... Imaginez un monde où chacun pourrait vivre là où il le décide, choisir son activité professionnelle à proximité de son domicile, sans avoir à subir des heures de transport en commun chaque jour. Croissance serait alors synonyme de progrès.

Même si de plus en plus de jeunes quittent désormais les villes pour rejoindre les campagnes, les conditions ne sont pas encore réunies pour que ce nouvel espace puisse voir le jour, car les réseaux physiques qui assurent le transport de l'information ne sont pas encore homogènes, notamment dans un pays tel que la France. La question de la rapidité d'accès à l'Internet est évidemment centrale. Moins les débits représenteront un obstacle, plus les créateurs de contenus et d'applications auront les moyens de libérer leur créativité. En d'autres termes, il convient impérativement de régler la question des infrastructures et des débits avant d'envisager une croissance économique et sociétale de grande ampleur. Or, il se trouve que les créateurs de contenu conçoivent de nouvelles applications de plus en plus lourdes et élaborées. Les services de téléphonie par Internet, de vidéo par Internet, ou encore de musique en ligne nécessitent de plus en plus de bande passante. La fracture numérique est d'ailleurs toujours présente en France et source d'inégalités : si les villes sont globalement bien desservies en infrastructures numériques, il n'en est pas de même pour nos campagnes, qui doivent se contenter de débits Internet *a minima*.

Interconnecter les espaces

Pour bien comprendre l'importance des réseaux, je donne souvent l'exemple de l'automobile. Dans ce secteur, les innovations se bousculent au niveau des véhicules, qui se veulent plus sûrs, plus fonctionnels, plus confortables et moins polluants. De lourds investissements sont par ailleurs réalisés dans le domaine des voitures électriques ou à hydrogène. Mais ces recherches auraient-elles un sens si les réseaux routiers et autoroutiers étaient inexistants ou partiels ? Évidemment, non. Eh bien il en est absolument de même pour le numérique. Si les véritables enjeux se situent au niveau des contenus et des applicatifs, les infrastructures n'en demeurent pas moins un maillon critique.

La question de l'accès à l'Internet à très haut débit est donc préalable à toutes les initiatives qui pourraient être entreprises. La création d'un réseau en fibre optique, bien que très coûteux, revêt une dimension stratégique qui a d'ores et déjà été actée par le gouvernement français. Il devra être complété par d'autres technologies telles que le satellite, en particulier pour accéder aux centres d'habitations isolés.

Ces choix structurants doivent aussi être accompagnés de symboles politiques forts. Une idée pourrait consister à inscrire le très haut débit comme un droit fondamental dans la Constitution. L'exemple de la Finlande est, de ce point de vue, fort intéressant. Chaque Finlandais a en effet le droit d'accéder gratuitement à une connexion d'au moins un mégabit par seconde. Mieux encore, la Finlande voudrait que ce droit soit étendu à cent mégabits par seconde à l'horizon 2015, ce qui représente un défi technique dans un pays qui compte plus de cent mille lacs et cinq millions d'habitants.

Les réseaux de communication rendront possible le développement de nouveaux espaces, moins urbains, plus ruraux mais tout aussi interconnectés. Des espaces homogènes à la fois riches et prospères. À ce stade, je voudrais tordre le cou à une idée très répandue dans certains milieux : la Terre, dit-on, serait surpeuplée. Combien de fois n'avons-nous pas entendu dire que les problèmes de l'Afrique étaient liés à une surnatalité ? Or, il se trouve que la densité de population de l'Afrique, à savoir vingt-huit habitants au kilomètre carré, est largement inférieure à celle de l'Europe, de l'Amérique et de l'Asie ! Savez-vous qu'il y a sur Terre près de sept milliards d'humains… et environ deux mille milliards de mammifères ? Savez-vous qu'en

Inde, les rats sont dix fois plus nombreux que les êtres humains ? Une dernière comparaison, pour bien illustrer mon propos : si l'on devait organiser une manifestation mondiale réunissant l'ensemble des êtres humains présents sur Terre, quelle taille ferait-elle, selon vous ? Serait-ce une manifestation de la taille de la France ? Des États-Unis ? Eh bien non ! À raison d'une personne par mètre carré, toute l'humanité tiendrait sur la superficie de… la Corse ! Oui, la Corse, la plus petite des régions françaises ! Alors définitivement, non ! Il n'y a pas trop d'êtres humains sur Terre ! Il y a un espace vital pour tous et toute l'humanité peut être répartie de façon homogène et interconnectée.

Ce défi est à portée de main pour un pays tel que la France. Il est aussi accessible à tous les pays occidentaux. En revanche, il n'en sera pas de même pour les pays du Tiers Monde, dont les populations sont encore préoccupées par les enjeux les plus vitaux, notamment l'accès à l'eau potable. Il y a donc un risque gigantesque : celui de voir ces pays passer à côté de cette révolution numérique. Dans un monde qui se structure largement autour des réseaux numériques, nous avons l'ardente obligation d'entraîner ces pays dans notre dynamique, faute de quoi ils seront définitivement… hors du temps.

Chapitre 9

Un équilibre planétaire

Le paradoxe est édifiant.

D'un côté, un rassemblement de toute l'humanité tiendrait sur le territoire de la Corse. Une preuve de plus, s'il était besoin, que la Terre est loin d'être surpeuplée. Poursuivons la logique : si l'on voulait offrir à toutes les familles du monde une petite maison ainsi qu'un potager d'une centaine de mètres carrés, seul le territoire de la France suffirait. Lorsque l'on sait à quel point notre planète est fertile par endroits, l'idée que toute l'humanité puisse vivre aisément et dans le progrès paraît plus que jamais possible, pour ne pas dire évident.

D'un autre côté, nous avons tous le sentiment que les ressources planétaires sont limitées et que certaines zones géographiques du monde, telles que l'Afrique, sont maudites. Comment accepter l'idée que quarante pour cent de la population mondiale vit avec moins de deux dollars par jour ? Comment ne pas réagir quand, dans le monde, un enfant meurt de faim toutes les six secondes ?

Les pays développés portent une double responsabilité dans cet état de fait. La première tient au passé. La colonisation a, le plus souvent, abouti à une spécialisation contrainte et forcée des colonies dans la production de matières premières, agricoles ou minières. Cette spécialisation a servi de base à l'expansion capitaliste des pays colonisateurs, notamment grâce à la production de matières premières. C'est ainsi que certaines colonies ont été hyperspécialisées dans le pétrole, d'autres dans le coton, les diamants ou encore l'uranium. Tout cela, au nom de la division internationale du travail, et au profit de la croissance économique et industrielle des pays colonisateurs. Après la décolonisation, les pays colonisés se sont retrouvés livrés à eux-mêmes et dépourvus de structures organisationnelles et administratives. Cela explique en grande partie le retard de développement qu'ils accusent encore aujourd'hui.

La deuxième responsabilité des pays développés s'applique davantage à un futur proche. Nous vivons dans un monde interconnecté où l'information et la communication jouent un rôle fondamental. Un nouveau rythme temporel s'impose progressivement à nous. Un temps accéléré, multipolaire qui s'articule autour du phénomène de l'entropie, et dans lequel les réseaux sont au cœur du système. Les pays occidentaux vivent pleinement ce phénomène. Les pays du Tiers Monde, eux, n'y sont pas encore. Qu'adviendrait-il, d'ailleurs, s'ils ne parvenaient pas à saisir l'opportunité de changer de rythme et d'accélérer ? Cette hypothèse est pourtant aujourd'hui la plus plausible, tellement ces pays sont aujourd'hui préoccupés par des réalités touchant à l'assainissement, à l'alimentation en eau courante, ou encore à la santé.

Pour un nouveau codéveloppement

C'est la raison pour laquelle nous avons aujourd'hui l'obligation d'aider le Tiers Monde à suivre le mouvement. Et la France, en tant qu'ancienne puissance coloniale, doit y prendre toute sa place, en développant une authentique politique de codéveloppement. Il ne s'agit pas de dégager des subventions pour se donner bonne conscience, comme tel est le cas depuis un demi-siècle. Chaque année, la France consacre environ trois milliards et demi d'euros à l'aide aux pays du Tiers Monde. Même si l'on ne peut que se féliciter de la participation active de notre pays à la solidarité mondiale, on peut encore s'interroger sur les effets réels produits par ces subventions. En effet, la grande majorité des politiques d'accompagnement des pays en voie de développement mises en place depuis des décennies par les pays riches ont échoué. De nombreuses raisons peuvent expliquer ces revers : l'absence de priorités fortes, la juxtaposition de dispositions sans véritable politique de codéveloppement, mais aussi des aides consenties à des gouvernements laxistes sans garantie de transparence quant à la manière dont les fonds sont ensuite gérés.

Est-ce à dire que les politiques d'aide aux pays du Tiers Monde sont définitivement vaines ? Dans tous les domaines, il faut savoir penser *out of the boxes*, pour employer un terme anglo-saxon, c'est-à-dire savoir faire preuve de créativité en allant trouver des idées ou des solutions dans des terrains jusqu'alors inexplorés. C'est l'objet de l'analyse que je livre ici, même si je reconnais qu'elle est loin d'être conforme à l'idée que l'on se fait communément du codéveloppement.

L'ère de l'assistanat, l'époque où les pays riches se contentaient de distribuer des subventions, est révolue. Les pays du Tiers Monde doivent désormais être en mesure de produire des richesses par leur travail et leur créativité. Tel est le sens du modèle capitaliste, ce système économique et social qui régit le monde aujourd'hui. Pour se propager durablement, le capitalisme doit néanmoins être associé à un autre système de valeurs, à vocation politique celui-ci : la démocratie. À l'exception notable de la Chine pour le moment, le capitalisme et la démocratie sont invariablement complémentaires. L'histoire de ces cent dernières années l'a démontré. C'est la raison pour laquelle le développement économique des pays du Tiers Monde dépend donc en grande partie de l'avènement de la démocratie.

Imposer la démocratie par la force est une œuvre hasardeuse. L'exemple récent de l'Irak en témoigne. Aucune armée du monde, fût-elle du plus grand pays démocratique du monde ne saurait imposer la démocratie par les armes. Seule une action de fond sur les populations locales peut contribuer à faire bouger les lignes sur le long terme. Pour agir efficacement, il convient donc d'identifier des leviers sur lesquels nous pourrions porter notre action. Parmi ces leviers, il y a l'émancipation des femmes d'une part, et l'accès au savoir et à la connaissance par l'Internet d'autre part. L'un et l'autre sont communément cités comme étant des conditions nécessaires à l'avènement de la démocratie.

Certes, des actions sont déjà menées au niveau local par des associations et des organisations non gouvernementales. Prenons l'émancipation des femmes. Connaissez-vous l'association Toutes à l'école, créée en France ? Toutes à l'école s'est donné pour mission de dispenser à des petites filles du Cambodge une formation de haut niveau, à travers un ensemble scolaire dernier cri construit par l'association. À ce jour, plus d'un demi-millier de petites filles en bénéficient. L'association a déjà un impact sur l'écosystème local. Démultiplié sur l'ensemble d'un territoire, elle pourrait bien contribuer, à la place qui est la sienne, à l'avènement de la démocratie et à la croissance économique. Tout cela en ayant investi sur l'accès des femmes au savoir et à la connaissance.

Pour accompagner de telles initiatives privées, il semble désormais indispensable de réfléchir à un bouleversement de la nature même de nos politiques d'aide aux pays pauvres : au lieu de consentir des aides aux pays en voie de développement par le haut, c'est-à-dire directement aux gouvernements, une nouvelle approche pourrait consister à apporter l'aide à ces pays par le bas, directement au niveau des populations. Une aide plus entropique, en quelque sorte, et donc forcément plus complexe à mettre en œuvre.

La démocratie, les femmes, et les réseaux

Pour être efficaces, de telles aides se doivent d'être ciblées. Une banque française de microcrédit pourrait ainsi être créée, s'inspirant de l'exemple des institutions de microfinance qui existent de par le monde. J'ai déjà eu l'occasion, dans mes écrits, de décrire le principe de fonctionnement du microcrédit, que je considère comme une vraie solution progressiste. L'idée sous-jacente est en effet intéressante : octroyer des crédits ne dépassant pas une centaine d'euros à des femmes dans des pays du Tiers Monde. Pourquoi des femmes ? Tout simplement parce qu'il a été constaté qu'elles étaient beaucoup plus fiables et rigoureuses que les hommes pour gérer les sommes empruntées et rembourser leurs dettes. L'expérience du microcrédit a en effet révélé que lorsque l'on prêtait cent euros à un homme, il avait tendance à les dépenser pour ses besoins personnels (voiture, jeu, alcool, cigarettes), alors que lorsque l'on prêtait cent euros à une femme, elle avait tendance à l'investir dans la création de son outil de travail et l'éducation de ses enfants. Il est d'ailleurs prouvé que les enfants (et, singulièrement, des petites filles) des femmes ayant eu recours au microcrédit suivent des cursus scolaires à plein-temps et qu'ils sont moins nombreux à abandonner leurs études.

Eh bien, tout comme les institutions de microfinance déjà existantes, cette banque française de microcrédit consentirait essentiellement des prêts aux femmes. La différence résiderait dans le choix des microprojets qui seraient soutenus. Tous seraient en relation avec le numérique. Il s'agirait donc d'aider les femmes des pays en voie de développement à s'équiper de micro-ordinateurs d'une part, et à accéder à l'Internet d'autre part. L'Internet, souvenez-vous, est un outil fondamental pour explorer ce temps accéléré, plus dense en informations et donc en événements. C'est l'outil qui permet déjà aux pays riches de développer de nouvelles richesses, d'échanger en temps réel, de partager savoirs et connaissances. C'est l'outil qui permettra bientôt aux économies prospères de repenser leur façon d'appréhender leurs territoires, en revalorisant les espaces grâce à la maîtrise du temps. Si nous ne voulons pas subir dans un futur proche les effets d'une fracture numérique entre pays riches et pays en développement, si nous voulons éviter un schisme planétaire entre ceux qui accéléreront et les autres, alors nous devons agir.

Comment cela pourrait-il fonctionner de façon pratique ? Pour faciliter l'accès aux femmes des pays du Tiers Monde à l'Internet, il convient, d'une part, de leur permettre d'acquérir un micro-ordinateur et, d'autre part, de leur donner accès au réseau Internet.

S'agissant de l'équipement informatique, celui-ci pourrait largement se baser sur du matériel d'occasion recyclé, mis au rebut par les pays occidentaux. On en parle assez peu, mais il y a aujourd'hui dans un pays tel que la France de très nombreux espaces que l'on peut qualifier de cimetières d'ordinateurs. Beaucoup d'entreprises disposent même de salles où est entreposé du matériel non utilisé, qui dans la plupart des cas finira dans une déchetterie. La société de consommation et les innovations technologiques impliquent, chez nous, des cycles de vie du produit très courts. Nous changeons tous souvent de micro-ordinateurs, en moyenne tous les deux ans. Est-ce à dire pour autant que nos anciens matériels sont obsolètes ? Évidemment, non. Réinstallés et reconfigurés, ils pourraient tout à fait convenir à un usage personnel, voire professionnel, dans un pays du Tiers Monde.

À côté de l'équipement informatique, il convient de livrer un accès à l'Internet. Cela peut paraître *a priori* complexe. Savez-vous pourtant qu'il est plus aisé de créer un réseau numérique, basé par exemple sur les technologies Wi-max ou satellite, que de créer un réseau physique d'alimentation en eau courante ? Pour ce qui est de l'électricité, enfin, je tiens à préciser, contrairement à une idée reçue, qu'elle est désormais courante dans toutes les villes moyennes et importantes du Tiers Monde. La question peut se poser pour les zones rurales ou nomades, mais ce ne sont pas celles qui concentrent les plus grandes populations.

Un tel projet a l'avantage d'être neutre économiquement, c'est-à-dire qu'il peut ne rien coûter aux contribuables français. Les exemples connus dans le microcrédit démontrent, en effet, que les prêts sont quasi intégralement remboursés, alors même qu'ils sont consentis sans garantie. Ce projet recèle en même temps une grande force, celle de donner aux femmes un accès au savoir et à l'information, tout en créant les conditions de leur émancipation et de l'avènement de la démocratie. Parmi les femmes qui bénéficieront du dispositif, certaines décideront de développer une activité de « nanoentrepreneuse », en se livrant à des activités de microcommerce comme c'est déjà le cas dans les pays développés, où les femmes sont les plus grandes vendeuses d'objets personnels et artisanaux sur Internet.

La création de cette banque française de microcrédit aurait enfin un effet indirect : celui de valoriser l'image de la France à l'étranger. Plus que jamais, la France pourrait être reconnue comme un pays moderne porteur de grandes idées pour le monde, un pays symbole de la mutation qui est à l'œuvre.

Imaginez un continent africain autosuffisant et prospère. Les conséquences pour l'humanité ne pourraient être que bénéfiques. L'espace serait uniformément réparti sur la planète. Les flux de migration équilibrés. Une nouvelle organisation de l'espace mondial pourrait émerger.

J'ai conscience qu'une telle idée peut paraître trop ambitieuse pour certains. J'entends déjà les gouvernements en place dénoncer une ingérence, pour ne pas dire une attitude néocolonialiste. Mais qu'à cela ne tienne, la diplomatie sera là pour accompagner ce changement de paradigme.

Chapitre 10

La nouvelle démocratie

En 1807, l'empereur Napoléon Ier mène une lutte acharnée contre ces peuples du Nord de l'Europe qui jadis envahirent l'Empire romain : les Prussiens, les Russes, les Kalmouks, les Cosaques… Ces guerres sont très coûteuses, et Napoléon reproche activement au roi de Naples de ne pas contribuer financièrement à cet effort de guerre. Ce dernier privilégie au contraire le remboursement de sa dette publique, ce qui n'est pas du goût de l'empereur, qui considère que l'assainissement des finances publiques relève des opérations de paix, et doivent donc être différées. Il y a en effet pour Napoléon un temps pour tout. Et tout l'art de la politique consiste à savoir faire les bons choix aux bons moments. Dans une lettre adressée le 1er mars 1807 au roi de Naples, il le met en garde : « Le temps est le grand art de l'homme ; […] ce qui ne doit être fait qu'en 1810 ne peut être fait en 1807 ! La fibre gauloise ne se plie pas au grand calcul du temps. C'est cependant par cette seule considération que j'ai réussi dans tout ce que j'ai fait. » Napoléon reproche aux ministres du roi de Naples de mal le conseiller : « Ce sont des hommes qui n'ont pas eu et qui n'auront jamais la prudence de marcher avec le temps, qui feront aujourd'hui ce qui ne doit être fait qu'après-demain, et qui ne sauront pas vous tirer de la situation où vous vous trouvez. »

Dans un contexte où les événements s'accélèrent, la démocratie n'a-t-elle pas vocation à être un rempart, un garde-fou ? Ne devrait-on pas attendre d'un politique qu'il ait toujours la sagesse de ne pas céder à la dictature de la vitesse ? Les gouvernants, qu'ils aient été empereurs, rois, ou présidents, ont à chaque fois su garder ce recul si nécessaire à un juste exercice du pouvoir qu'on les a parfois accusé de se retrouver hors du temps. Mais au fond, n'est-ce pas là la vocation principale d'un gouvernant ? « Gouverner, c'est prévoir », disait Churchill. Oui, la première mission d'un dirigeant politique est bel et bien de s'approprier les différentes dimensions du temps, et de savoir composer avec les différents cycles qui rythment notre réalité.

Savoir s'ennuyer

Les rédacteurs de la Cinquième République, en 1958, avaient pris la mesure de cet enjeu et ne s'y étaient pas trompés. Ils avaient eu la finesse de décorréler le rythme exécutif du rythme législatif. Le président de la République devait ainsi être élu pour sept ans, ce qui constituait une durée suffisamment significative pour développer une vision à moyen et à long terme. Les députés étaient en revanche résolument ancrés dans le court et le moyen termes, avec un temps gouvernemental de cinq ans, défini par la durée d'une mandature législative. Les sénateurs, quant à eux, devaient incarner la sagesse législative et le long terme. C'est la raison pour laquelle la durée de leurs mandats avait été fixée à neuf ans. C'est ainsi que fonctionna la Cinquième République jusqu'à l'année 2000. Souvenez-vous, 2000, l'année de la bulle Internet ; l'année des start-up Internet ; l'année de la diffusion de l'Internet à haut-débit par ADSL en France ; l'année de l'arrivée des offres de téléphonie mobile illimitées ; l'année où les capitalisations boursières doublaient en quelques mois ; l'année où la croissance économique atteignait, dans les pays développés, des niveaux inégalés depuis les Trente Glorieuses ; l'année où Jean-Marie Messier, grand manitou de la communication en France, était hissé au rang de maître du monde par *Les Guignols de l'info* sur la chaîne de télévision Canal Plus. Cette année 2000 a, de toute évidence, été une année-pivot où l'accélération du temps et les nouveaux médias ont été hissés aux nues comme des faits quasi religieux. Difficile, alors, pour les hommes de pouvoir de l'époque, de s'opposer à ce mouvement irrésistible qui imposait à tous un changement de rythme.

Mettez-vous un instant à la place du président de la République de l'époque, Jacques Chirac. Cet homme qui a connu la guerre et qui fut plusieurs fois ministre durant les Trente Glorieuses ; cet homme qui vouait un culte sans nom à un maître à penser dénommé François Mitterrand, lequel s'évertuait à répéter qu'il fallait « laisser du temps au temps » ; cet homme qui,

devant des caméras de télévision ne savait pas
comment décrire la souris d'un ordinateur et inventa
la désormais célèbre appellation *mulot*. En 2000,
Jacques Chirac était donc pris en tenaille par deux
réalités : d'une part, une société qui évoluait à une
vitesse exponentielle et dont les enjeux le dépas-
saient ; et d'autre part, la présence, à ses côtés, d'un
Premier ministre de cohabitation, Lionel Jospin, avec
lequel la perspective d'un affrontement électoral, deux
ans plus tard, le poussait plus que jamais à agir.

C'est dans ce contexte que Jacques Chirac proposa
aux Français d'organiser, le 24 septembre 2000, un
référendum afin d'abaisser la durée du mandat présidentiel de sept à cinq ans. Tous les partis de majorité et
de l'opposition soutinrent cette initiative, plus en
phase avec l'ère du temps, disait-on alors. Le quinquennat était l'artifice permettant de « requinquer la
République », pour reprendre un jeu de mots utilisé à
l'époque par certains observateurs. Le résultat fut sans
surprise : le « oui » l'emporta avec près des trois quarts
des suffrages. À l'époque, je faisais partie de la mino-
rité qui avait voté « non ». J'aurais même été enclin à
proposer une durée de mandat présidentielle plus lon-
gue, par exemple neuf ans, quitte à ce que ce mandat
ne soit pas renouvelable. Cela aurait permis aux politiques de s'inscrire dans la durée, sans la pression que
fait nécessairement peser la perspective de l'élection
suivante. Malheureusement, les mandats électifs courts
sont désormais considérés comme des symboles de
bonne santé démocratique. Lorsque l'on sait que la

durée du mandat du président de l'Union européenne a été fixée à deux ans et demi, on réalise à quel point il est difficile de lutter contre un mouvement qui semble bel et bien irrépressible.

Depuis l'instauration du quinquennat, la vie politique française a donc connu un changement de rythme. Sans doute, d'ailleurs, en était-ce le but. Dès lors que le mandat présidentiel coïncide avec le mandat de l'Assemblée nationale, le chef de l'État est tenu d'être en première ligne dans la mise en œuvre des réformes et de les conduire en lieu et place du Premier ministre, désormais relégué au rang de « super-directeur de cabinet » ou « d'animateur de l'équipe gouvernementale ». Vous pourriez me rétorquer qu'il est parfaitement légitime qu'un homme élu par le peuple assume personnellement l'exécution de son programme, et que l'ère des rois fainéants est révolue. Mais cela est sans compter sur le paramètre du temps. Car en étant en permanence dans l'action, le chef de l'État ne prend plus le temps de la réflexion. Sans doute est-ce la raison pour laquelle François Mitterrand disait que l'une des principales qualités requises pour être chef de l'État était de « savoir s'ennuyer »...

Une juste prise en compte du rapport au temps implique donc, peut-être paradoxalement, de revenir à une définition plus classique du couple exécutif, à savoir un président de la République qui impulse une politique, et un Premier ministre qui met en œuvre cette politique. De Gaulle, qui était un grand visionnaire, avait sans doute compris qu'il y avait là une clé qui permettrait à la démocratie française de s'adapter à l'accélération du temps ? Pour en revenir à la définition du temps que je proposais dans mon chapitre « Le temps de l'action », je dirais que le Premier ministre est condamné à être ancré dans le chronos, à savoir le temps réel que nous subissons tous. En d'autres termes, il gère, dossier après dossier ; fait voter, loi après loi… Le président de la République, dès lors que la durée de son mandat le lui permet, doit en revanche être dans la dimension du kairos, symbole non pas du temps qui passe mais de la profondeur du temps. Le kairos, c'est pouvoir capter l'air du temps et en saisir les opportunités. C'est savoir prendre la bonne décision au bon moment. Et cela, seul le recul, voire l'ennui y donne accès.

L'entropie politique

Une des caractéristiques du temps présent est le rôle qu'y tient le phénomène physique de l'entropie, phénomène contre lequel personne ne peut lutter. L'entropie de l'univers augmente : il est à la fois plus complexe et plus désordonné. L'entropie s'applique à tout : à votre bureau qui évolue fatalement vers une situation de désordre. Il s'applique aussi à notre société, à nos économies, à notre mode de pensée… À l'évidence, il s'appliquera de plus en plus à nos systèmes politiques. Déjà, un indice tend à démontrer que la vie politique connaît une augmentation de son entropie : la surenchère législative. Les lois sont de plus en plus nombreuses et complexes. Le *Journal officiel* est ainsi passé de quinze mille à vingt-trois mille pages annuelles en vingt ans, et le Recueil des lois de l'Assemblée de quatre cent trente-trois pages en 1973 à près de quatre mille pages en 2004.

De façon plus générale, il va de soi que la façon dont sont organisées nos démocraties sera profondément impactée par le phénomène de l'entropie. Prenons l'exemple du bipartisme, ce phénomène qui consiste à concentrer le débat politique sur deux camps opposés. Le bipartisme, qui est la norme aux États-Unis et au Royaume-Uni, n'a jamais véritablement réussi à s'installer en France. Peut-être étions-nous précurseurs, car à l'évidence ce schéma politique binaire est voué à disparaître, tellement il ne répond plus aux réalités démocratiques d'aujourd'hui.

L'élection présidentielle française de 2002 a, de ce point de vue, été un exemple fondateur de cette entropie politique. Rappelons le contexte. Seize candidats, ce qui constitue un record dans la Cinquième République. Un président sortant jugé « usé, vieilli et fatigué » que tout le monde annonce perdant. Le premier tour du scrutin se tient le 21 avril 2002. À l'annonce des résultats, à vingt heures, la France est en émoi : Jean-Marie Le Pen, le candidat d'extrême droite, est présent au second tour, contre le président sortant Jacques Chirac. Le candidat socialiste Lionel Jospin est éliminé. L'une des conséquences de l'entropie ne réside-t-elle pas dans le fait qu'elle peut aboutir à des combinaisons particulièrement inédites, voire parfois créatives ? Nous y sommes : avec trois candidats dont les scores étaient situés entre seize et dix-neuf pour cent des voix, toutes les combinaisons auraient pu arriver. C'est donc l'entropie qui a abouti au fait qu'un candidat obtienne au second tour de l'élection présidentielle française un score à la soviétique de quatre-vingt-deux pour cent des voix, et ceci dans le strict respect des règles électorales.

Le 21 avril 2002 se reproduira donc, et cela quelles que soient les manœuvres d'appareil qui consisteront à maintenir un semblant de bipartisme en France. Les idées, elles, ne sont pas binaires. Elles obéissent, elles aussi, à un principe d'entropie qui augmente. Deux partis uniques ne peuvent plus incarner la variété des tendances et des idées qui sont en œuvre d'un pays tel que la France. C'est la raison pour laquelle il n'est pas du tout impossible qu'une prochaine élection présidentielle aboutisse à ce que quatre ou cinq candidats se tiennent dans un mouchoir de poche au premier tour de suffrage. Parmi ces quatre ou cinq candidats, figureront probablement un candidat d'extrême gauche et un candidat d'extrême droite. Toutes les combinaisons électorales seront alors possibles, y compris un second tour opposant les deux partis extrémistes.

Il y a donc un risque. Le risque, en économie, c'est que le phénomène de l'entropie aboutisse à des situations d'effondrement de bulle et de chaos financier. C'est ce que nous avons connu lors des crises financières de 2008 et 2009. Quels seraient donc les risques inhérents à une augmentation de l'entropie en

politique ? Dans le meilleur des cas, une élection
aboutissant à un résultat entropique pourrait être
synonyme d'un électrochoc démocratique. Par leur
vote dispersé, les Français obligeraient la classe politique à travailler main dans la main et à bâtir de con-
cert un nouveau modèle de civilisation. Dans le pire
des cas, il pourrait s'agir de l'avènement d'une nouvelle forme de dictature, qui porterait au pouvoir un
homme ou une femme aux idées malveillantes, et
dont la légitimité serait rapidement contestée. Cette
entropie pourrait alors aboutir à une nouvelle révolution française. Je n'imagine pas ici une révolution avec
guillotine et effusion de sang. Je vois la possibilité
d'une prise de conscience globale qui pourrait servir
de socle à l'émergence d'un nouveau modèle de civilisation.

La fin des dictatures

De démocratie et de révolution, il en est de plus en
plus question dans le monde.

Prenons l'exemple des pays arabes. Il y a quelques
années, la très forte proportion de jeunes dans la population de ces pays était présentée comme une menace.
« Que vont devenir ces jeunes une fois adultes ? Ne
sont-ils pas voués à être au chômage toute leur vie ?
Vont-ils se faire embrigader par les extrémismes
religieux ? » se demandait-on alors avec inquiétude.

Ces craintes étaient éminemment justifiées il y a vingt
ans. Les adolescents de l'époque n'ont connu que des

régimes politiques autoritaires qui ne laissaient aucune place à la liberté d'expression. Ils ne bénéficiaient d'aucun accès à l'information à l'exception des télévisions nationales d'État tenues d'une main de fer par le régime. Sans aucune perspective ni projet, elles étaient prises en étau entre ces gouvernements autoritaires et les extrémismes religieux prosélytes qui faisaient croire que la religion était la solution à tous les maux.

Aujourd'hui, les jeunes y sont encore plus nombreux. Les moins de trente ans représentent les trois quarts de la population. Et pourtant, nous avons beaucoup moins de raisons d'être inquiets. Au contraire même : les récents événements en Tunisie, en Égypte ainsi que dans les autres pays de la région démontrent à quel point la jeunesse des pays arabes est la clé de la résonance démocratique qui est à l'œuvre. Qui aurait cru en effet que des régimes politiques aussi solides que celui de Zine Ben Ali en Tunisie, de Hosni Moubarak en Égypte ou de Mouammar Kadhafi puissent un jour être aussi rapidement déstabilisés ?

À la différence des années quatre-vingt-dix, les jeunes des pays arabes, et d'une façon générale, des pays émergents, manient parfaitement les nouvelles technologies. Ils sont interconnectés et passent un temps considérable à naviguer sur les réseaux sociaux tels que Facebook et Twitter. Ils communiquent entre eux par texto. C'est leur espace de liberté. Autrefois, pour renverser un régime, il fallait d'abord faire le siège de la télévision nationale. C'était l'unique moyen de prendre le contrôle de l'outil de pouvoir par excellence :

l'information. Aujourd'hui, qu'importe la télévision ! L'information est diffuse, non canalisée, dispersée, entropique. Elle appartient aux réseaux.

Les jours sont donc comptés pour les régimes autoritaires. Les jeunes générations, aidées par les nouveaux outils de communication, mettront à bas sans difficulté les dictatures politiques. Et cela ne se fera pas au bénéfice des partis religieux. Les jeunes des pays émergents aspirent désormais à la liberté sous toutes ses formes, et ne sont pas disposés à échanger une dictature politique pour une dictature religieuse. Ils se veulent citoyens du monde.

On attribue souvent à André Malraux la prophétie selon laquelle « le XXIe siècle sera religieux ou ne sera pas ». La dernière décennie lui a donné raison. Mais fort heureusement, l'Internet pourrait bien finir par le contredire. Tant mieux.

Chapitre 11

La roue tourne

Nous sentons tous qu'il y a dans l'air du temps comme une atmosphère prérévolutionnaire : la classe moyenne commence à gronder, excédée par les sacrifices qui lui ont été demandés depuis des décennies ; les jeunes générations réalisent maintenant qu'elles auront un niveau de vie inférieur à celui de leurs parents ; la légitimité démocratique de nos gouvernants est de plus en plus mise en cause, fragilisée par une succession d'affaires politico-économiques ; la jeunesse des pays émergents se réveille. Les symboles aussi sont ébranlés : les joueurs de l'équipe de France de football, les Bleus, se sont littéralement décrédibilisés lors de la dernière Coupe du Monde. Même la nature met désormais l'homme face à ses responsabilités : un volcan qui paralyse le monde occidental pendant plusieurs semaines et qui témoigne de l'extrême vulnérabilité de notre modèle de développement ; une fuite non jugulée dans un forage pétrolier dans le golfe du Mexique à l'origine de la pire marée noire de l'histoire humaine ; et plus récemment encore, au Japon, un tremblement de terre d'une intensité historique suivi d'un tsunami dévastateur…

Crises

Parmi les symboles qui exaspèrent le plus l'opinion publique, il y a bien sûr les excès du monde de la finance. Souvenez-vous. C'était hier. Le 15 septembre 2008, la banque Lehman Brothers se déclare en situation de faillite, provocant une réaction en chaîne à l'origine de la pire crise financière de tous les temps. Dans les jours qui suivirent, des dizaines d'établissements du secteur des banques et assurances furent à leur tour en cessation de paiement. Quelle était l'origine de cette crise ? Les *subprimes* américains, ces produits financiers inventés par des génies de la finance afin de réaliser des profits sur les emprunts immobiliers à taux variables. J'avoue, d'ailleurs, ne jamais avoir réellement compris le principe exact de fonctionnement de ces *subprimes*. Les financiers eux-mêmes non plus, du reste : au plus fort de la crise, les banquiers centraux américains et européens reconnaissaient n'avoir aucune visibilité sur le déroulement probable des événements. Je me souviens aussi des banques européennes, et notamment françaises, qui annonçaient publiquement ne pas connaître leur degré d'exposition exact à cette crise des *subprimes*. C'est dire à quel point les événements auraient pu mener au pire.

Cette crise a révélé l'extrême précarité du système financier mondial, qui a démontré qu'il pouvait s'effondrer comme un château de cartes. Mais le pire a été évité. Il a été évité tout d'abord grâce à l'opinion publique (c'est-à-dire vous et moi), qui n'a pas pris la mesure de la gravité de la situation. De ce point de vue, la complexité des *subprimes* a été salutaire. Nous aurions en effet pu tous nous rendre dans notre banque retirer nos liquidités, comme ce fut le cas en 1929. Le système financier aurait été définitivement ébranlé. Et je n'imagine même pas l'état dans lequel le monde aurait été aujourd'hui. Si le pire a été évité, c'est également grâce à l'intervention des États (c'est-à-dire, là aussi, un peu vous et moi), qui ont réussi à soutenir le système bancaire, à injecter des centaines de milliards de liquidités et à mettre les établissements défaillants sous tutelle.

L'un des premiers enseignements de cette crise est donc qu'elle semble marquer le retour du politique. Les marchés ont implosé, incapables de s'autoréguler. Seuls les États se sont montrés en situation de rétablir l'équilibre. C'est dans cet esprit qu'a été organisé le premier G20 à New York. L'objectif était alors d'organiser un sommet mondial fondateur pour redéfinir les principes de la finance mondiale. Nous avions là une fabuleuse opportunité de réinventer un nouveau modèle capitaliste. Chiche !

Seulement, très vite, bien plus vite que quiconque n'aurait pu l'imaginer, les choses redevinrent comme avant. Dès la première éclaircie, les banques s'empressèrent de rembourser leurs dettes et de réintroduire le principe de bonus colossaux basés sur la prise de risque. Les G20 (ces sommets réunissant les vingt plus grandes économies du monde) portèrent leur attention sur des sujets secondaires tels que les paradis fiscaux, et renoncèrent à parvenir à des consensus sur des sujets fondamentaux tels la mise en place d'une taxation financière sur les banques. Les sommets du G20 se sont alors transformés en G « vains », pour reprendre une expression de Jacques Attali. Quel gâchis ! Quelle opportunité manquée ! Au final, les règles qui régulent aujourd'hui le système financier sont à peu de choses près les mêmes que celles qui régissaient le système avant l'effondrement de Lehman Brothers. Tout ça pour ça, donc. Sauf qu'au passage, le sauvetage des banques par les États et la mise en place des plans de relance successifs ont été réalisés au prix de lourds déficits et d'un sacrifice de la croissance économique. La dette, qui était portée par les particuliers, puis par les entreprises, puis par les banques, est désormais portée par les États, c'est-à-dire, là encore, vous et moi.

À l'évidence, ce système économique basé sur la prise de risque exacerbée et la recherche de profits à court terme ne peut pas durer. Puisque aucun enseignement n'est tiré de la crise financière et économique et que le système mène à nouveau à de pires excès, il arrivera un moment où l'opinion publique ne suivra plus.

L'*aiôn*

Nous le voyons dans le domaine de l'économie et de la finance, nous le constatons également en observant la succession d'événements d'actualité qui se bousculent, nous en prenons conscience aussi en analysant nos propres vies : les séquences se succèdent désormais à une vitesse de plus en plus accélérée et les conséquences sont de plus en plus marquées. Dans une société où l'information circule en temps réel et où le zapping est érigé en religion, nous changeons de sujet de plus en plus rapidement. Des catastrophes climatiques qui tuent des centaines de milliers de personnes font la une de la presse, puis sont immédiatement remplacées par d'autres. De nouveaux héros sont mis sur le devant de la scène, puis aussitôt oubliés. Chacun expérimente ce changement de rythme dans sa propre vie : nous changeons désormais plus souvent de travail, de domicile, de conjoint, d'amis…

Derrière tous ces exemples, il y a des cycles. Ne dit-on pas d'ailleurs couramment que l'histoire se répète ? Platon, déjà, évoquait dans *La République* l'idée selon laquelle un grand cycle, dénommé La Grande Année, régissait le monde. Ce cycle, d'une durée de vingt-cinq mille neuf cent vingt ans, était divisé en quatre sous-cycles d'une durée de six mille quatre cent quatre-vingts ans : l'âge d'or, l'âge d'argent, l'âge de bronze et l'âge de fer. Cette vision a quelque chose de rassurant, car elle répond à une quête d'éternité inavouée. Quoi de plus funeste, en effet, que la mort ? La mort n'est-elle pas la perte du combat que nous menons avec le temps ? La conception cyclique d'un éternel retour est sans doute la manifestation la plus criante de cette nostalgie d'un temps figé.

Ce temps cyclique se rapproche de ce que les grecs appelaient l'*aiôn*, concept qui vient s'ajouter au

chronos et au kairos, auxquels j'ai fait référence précédemment. Dans l'antiquité, le temps était donc représenté par l'aiôn, le kairos et le chronos.

Le monde est depuis toujours régi par des cycles. Ce
qu'il y a de nouveau, c'est que ces cycles se succèdent
à des rythmes de plus en plus rapides, au point de
donner un sentiment de régression. Voici un exemple
pour bien illustrer mon propos : imaginez un véhicule
en mouvement sur une autoroute la nuit. Observez
attentivement l'une de ses roues, lorsque le véhicule
prend de la vitesse. Dans un premier temps, vous
verrez parfaitement les roues tourner. Puis, pendant
un bref instant, vous aurez le sentiment que le mouvement de rotation s'arrête, alors même que le véhicule
est encore en phase d'accélération. Enfin, vous aurez
l'illusion que les roues font marche arrière. Ce phénomène optique, en physique, porte un nom : c'est
l'effet stroboscopique. C'est le même stroboscope qui,
sur la piste de danse, peut donner l'impression que nos
mouvements sont saccadés et ralentis. N'avez-vous pas
l'impression que nous vivons sous un immense stroboscope planétaire ?

Marche arrière

« La roue tourne » : cette expression courante fait
référence au temps qui passe. La roue tourne même de
plus en plus vite. L'observation de cette roue donne
d'abord un sentiment d'accélération, puis d'arrêt, puis
enfin de marche arrière. Le temps est un peu comme

une roue en phase d'accélération. Il tourne de plus en plus vite. Comme la roue, le temps va donc fatalement développer un effet stroboscopique. Il va, à un moment donné de son accélération, donner l'illusion d'un retour en arrière.

L'idée selon laquelle l'accélération du temps conduit à une régression est de plus en plus répandue dans l'opinion publique. Le sentiment de retour en arrière est partout. Nous le ressentons dans la sphère économique : les niveaux de vie baissent, l'avenir de nos systèmes de retraites et de Sécurité sociale n'est pas garanti… Nous le ressentons dans l'éducation et la transmission du savoir : les jeunes générations ne sauraient ni écrire ni compter, le désir d'entreprendre aurait disparu… Mêmes les technologies, qui sont censées ne nous apporter que du progrès, pourraient parfois mener à la régression : les téléphones mobiles qui permettent de vous contacter où que vous soyez, les courriers électroniques que vous recevez par dizaines, voire centaines chaque jour, ou encore les réseaux sociaux sur lesquels vous révélez votre vie privée sont de plus en plus considérés comme des entraves à la liberté individuelle.

La perception d'un retour en arrière prend une dimension toute particulière lorsqu'elle est associée, comme c'est de plus en plus le cas, à la nostalgie d'un passé révolu. De quel passé parlons-nous ici ? Du passé des Trente Glorieuses, cette période faste de l'après-guerre. C'est dans ce passé, rappelons-le, qu'a grandi la génération du complot, à savoir la génération du baby boom. Faut-il alors s'étonner que le cinéma, la publicité, la mode puisent désormais leurs inspirations dans ce qu'il convient désormais d'appeler la rétroculture, cette culture qui présente les années cinquante et soixante comme un paradis perdu ?

Connaissez-vous la série *Mad Men*, diffusée en France depuis 2008 ? Véritable phénomène de société en France comme aux États-Unis, cette production connaît un succès sans précédent, tant en terme d'audience que de récompenses à son actif. Comment expliquer un tel engouement ? La série se déroule dans le New York des années soixante et décrit avec brio les composantes de la société et de la culture américaine des Trente Glorieuses, dans ses bons et ses moins bons côtés : l'addiction au tabac et à l'alcool, le sexisme et l'adultère, l'homophobie, l'antisémitisme, le racisme et l'absence totale de préoccupations envers l'environnement. Le créateur de la série, Matthew Weiner, se dit d'ailleurs lui-même nostalgique d'une époque où les objets de la vie de tous les jours étaient beaux à voir, un nouvel âge d'or où les succès littéraires n'étaient pas le *Da Vinci Code* mais *Catch 22*, de Joseph Heller. Le rapport de l'homme au temps est au cœur de la série. Le personnage principal, le directeur de création d'une grande agence de communication, passe l'essentiel de son temps à penser, à réfléchir. Il semble ne jamais subir le chronos. Souvent, dans la série, un visiteur pénétrant dans son bureau le trouve en situation de réflexion profonde, assis sur un canapé ou sur un rebord de fenêtre, la main au menton et le regard en direction du plafond.

Prenez l'exemple de la mode, autre miroir de notre civilisation. La tendance actuelle est marquée par un grand retour du rétro. Les années cinquante et soixante sont plus que jamais à l'honneur. Chez les femmes, par exemple, les tailles sont serrées ; la longueur de jupe est sous le genou ; le sac, lui, se fait tout petit. Ultraféminin, ce style a l'avantage de mettre en valeur les tailles fines et donne une allure… juvénile. Chez les hommes aussi le rétro est de mise. Côté manteau, le caban est partout ; c'est aussi le retour du *duffle-coat* ; même le jacquard, oublié depuis bien longtemps dans nos placards, se refait une jeunesse ; quant aux souliers, c'est le grand retour du pointu. Pas étonnant, du reste, que la collection 2011 de John Galliano pour Dior s'inspirait directement de la série *Mad Men*.

Nous le voyons bien, que ce soit dans la télévision ou dans la mode, ou encore dans bien d'autres secteurs, il y a aujourd'hui une tendance de fond : en glorifiant le passé, nous pensons être dans la négation du chronos, le temps qui passe. Mais cela n'est qu'illusion. Rappelez-vous bien que l'effet stroboscopique qui découle du phénomène d'accélération de la roue donne l'illusion d'un mouvement qui fait marche arrière alors qu'il n'en est rien. Qui peut penser qu'un simple retour aux années cinquante ou soixante suffirait ? Qui peut se contenter de penser que « c'était mieux avant », sans prendre la mesure de ce que le présent peut aujourd'hui nous apporter ? La nostalgie du passé nous fait tourner en rond. Tourner en rond est rassurant. Cela nous préserve de l'idée d'une fin. Mais n'est-ce pas aussi la pire des impasses ?

Cette quête d'éternité est un idéal vain.

Chapitre 12

Les voyageurs du temps

Qui n'a pas rêvé, un jour, de pouvoir retourner dans le passé ? L'idée de remonter le temps pour saisir une occasion manquée, faire un autre choix que celui que nous avons fait, ou tout simplement rajeunir, est, il est vrai, très séduisante. Qui n'a pas aussi rêvé de pouvoir se projeter dans le futur, dans l'intention, par exemple, de prendre connaissance à l'avance de faits qui ne se sont pas encore réalisés ? Il y a dans cette idée de voyage dans le temps quelque chose d'exaltant et d'angoissant, tant nous touchons là aux limites de l'intelligence humaine. Le voyage dans le temps est d'ailleurs à l'origine de nombreux paradoxes, très révélateurs de notre impossibilité à pouvoir théoriser le temps dans ce qu'il a de plus complexe. Vous avez peut-être déjà entendu parler du paradoxe de la boucle temporelle, tant relayé par la littérature de science-fiction : imaginez un homme retourner dans le passé et qui tuerait son grand-père avant que celui-ci n'ait un enfant. Par cet acte, notre homme s'empêche de naître, puisque son propre père n'est jamais né. Il est donc définitivement coincé dans une boucle temporelle et son retour dans le présent est impossible.

Les hommes du futur

Ce qu'il y a de déroutant dans l'idée de voyage dans le temps, c'est que la physique actuelle nous autorise à y réfléchir. Il suffirait en effet pour cela de pouvoir voyager à la vitesse de la lumière, à savoir trois cent mille kilomètres par seconde. Certes, nous sommes aujourd'hui très loin de pouvoir atteindre une telle vitesse (l'objet le plus rapide réalisé par l'homme, la sonde solaire *Helios 2*, atteint tout de même les soixante-dix kilomètres par seconde). Mais au rythme auquel se développent les connaissances de l'homme, est-il interdit de penser qu'il nous sera un jour permis d'atteindre la vitesse de la lumière ? Rappelons qu'il y a un siècle à peine, il fallait trois jours de cheval pour traverser la France ; aujourd'hui, seules quatorze secondes suffiraient à la sonde *Helios 2* pour parcourir l'Hexagone. Dire que l'homme sera un jour en mesure d'atteindre la vitesse de la lumière est donc une hypothèse crédible. Cela prendra cependant du temps : cent ans, mille ans, ou peut-être cent mille ans, ce qui n'est pas grand-chose au regard de l'histoire de notre planète.

Si l'homme du futur dispose de la technologie nécessaire pour voyager dans le temps, il lui est possible d'explorer son passé. Et le passé de l'homme du futur, c'est le présent de l'homme moderne. C'est notre présent. Nous sommes là confrontés à un nouveau paradoxe. En effet, si l'homme du futur est en mesure de voyager dans le passé, cela implique qu'il nous visite déjà ! Essayons d'imaginer à quoi pourrait ressembler cet homme du futur. L'évolution de la morphologie humaine laisse entrevoir un homme du futur doté d'une boîte crânienne protubérante ; sa mâchoire sera plus fine, du fait d'une nourriture de plus en plus ramollie ; l'utilisation intensive des écrans et des claviers pousserait sans doute la sélection naturelle à promouvoir des doigts longs et fins, ainsi que des yeux globuleux ; l'homme du futur sera imberbe, le réchauffement climatique ayant rendu les poils et les cheveux inutiles. Imaginez cet homme du futur visitant notre présent. Afin d'éviter les paradoxes temporels évoqués précédemment, il éviterait évidemment tout contact physique avec ses aïeux, c'est-à-dire nous. Il évoluerait donc davantage de nuit, et plutôt en zone de campagne. Enfin, quelles seraient ses motivations ? Comprendre, par exemple, les raisons pour lesquelles l'homme a créé les conditions de son autodestruction, telles que l'arme nucléaire. Il ciblerait donc ses investigations dans les pays développés, comme les États-Unis, en particulier après la Seconde Guerre mondiale et pendant la guerre froide.

Peut-être voyez-vous là une allusion aux extraterrestres, aux ovnis, aux rencontres du troisième type, à l'affaire de Roswell ? En effet, les peurs contemporaines et les fantasmes collectifs ont conduit à justifier les phénomènes dits inexpliqués par un *ailleurs* dans l'espace. Une telle idée a l'avantage d'être intelligible pour le plus grand nombre. C'est son mérite. Mais elle est absurde. En effet, si la vie extraterrestre existe probablement au niveau biologique dans l'univers, elle peut exister sous une infinité de formes. Pourquoi donc nous obliger à projeter notre propre image (une tête, un corps, deux bras, deux jambes…), si ce n'est pour nous rassurer ? Cet exemple de l'homme du futur prouve bien que la prise en compte de la dimension du temps dans un raisonnement permet d'élargir considérablement notre champ de réflexion. Si tant est que les deux hypothèses puissent être comparées, l'hypothèse des voyageurs du temps est *a priori* plus crédible que celle des voyageurs de l'espace. Eh oui, les extraterrestres peuvent tout à fait être des terrestres. Étonnant, non ? Le temps, source de tous les paradoxes, n'a pas fini de nous surprendre.

Un passé qui nous aveugle

La composante du temps est donc probablement celle que nous avons le moins tendance à prendre en compte. Pourtant, nous venons de le voir, le temps nous oblige à élargir notre horizon de pensée. Toutes les hypothèses sont possibles. Il n'y a pas de question stupide et inutile. Par exemple, comment réagiriez-vous si je vous disais que les voyages dans le temps existent déjà, et que vous les pratiquez vous-mêmes quotidiennement ? Admettez que vous trouviez cela insolite ? Et pourtant ! Souvenez-vous que la vitesse de la lumière est de trois cent mille kilomètres par seconde. Les étoiles que vous observez dans le ciel sont à des milliards de kilomètres de la Terre. L'étoile la plus proche, Proxima du Centaure, est à quarante-trois mille milliards de kilomètres. D'autres sont à des milliards de milliards de kilomètres. Pour décrire ces immenses distances, les scientifiques ont recourt à une autre unité de mesure, plus pertinente que le kilomètre pour mesurer la grandeur cosmique : l'année-lumière. Mais qu'est-ce que l'année-lumière, si ce n'est l'équivalent, toutes proportions gardées, de la journée de cheval à l'époque où la Terre semblait infinie ? L'analogie entre ces deux unités de temps pour mesurer les espaces n'est pas un hasard. D'un côté, le nombre de jours qu'il faut au cheval pour parcourir une distance ; d'un autre côté, le nombre d'années qu'il faut à la lumière pour parcourir une autre distance. Tout se passe donc comme si l'homme avait instinctivement tendance à rechercher une explication dans le temps, dès lors qu'il est confronté à une incompréhension.

Revenons au concept d'année-lumière. Une année-lumière, c'est la distance parcourue par la lumière en un an. Si Proxima du Centaure est à quatre années-lumière de la Terre, cela signifie qu'il faut quatre années à la lumière de cette étoile pour parvenir jusqu'à nous. En d'autres termes, cela signifie que lorsque vous observez Proxima du Centaure à partir de la Terre, vous la voyez telle qu'elle était il y a quatre ans. Plus impressionnant encore, une grande partie des étoiles visibles à l'œil nu sont à des centaines, voire des milliers d'années-lumière de la Terre. Vous observez ainsi certaines étoiles telles qu'elles étaient au moment de la Révolution française ; d'autres, au moment de la naissance de Jésus-Christ… Peut-être, d'ailleurs, certaines de ces étoiles sont-elles déjà mortes au moment même où vous les contemplez. Troublant, n'est-ce pas ? Dès lors que vous regardez le ciel, vous voyagez dans le passé.

Qu'en est-il donc de notre étoile, le Soleil ? Notre Soleil est à cinquante-huit milliards de kilomètres de la Terre. Ramené à une unité de lumière, cela signifie que le Soleil est à huit minutes-lumière de la Terre. Lorsque vous observez le Soleil, vous remontez par conséquent de huit minutes dans le passé. Si le Soleil devait s'éteindre subitement, il nous faudrait huit minutes pour nous en rendre compte. Plus proche de nous, la Lune est à trois cent soixante-dix mille kilo-mètres de la Terre. La très proche banlieue. Il faut un peu plus d'une seconde à la lumière de la Lune pour nous parvenir.

Plus vous observez loin, plus vous remontez le temps. Plus vous observez près, plus vous vous rapprochez du présent. Je viens d'employer le verbe « se rapprocher », et cela n'est pas anodin. En effet, tout ce que vous observez autour de vous, que cela soit votre lampe, votre canapé, votre conjoint ou vos amis, ou votre propre main, est par définition à une certaine distance de vos yeux : quelques mètres, ou quelques centimè-tres. Il faut donc un certain temps, très petit certes (qui se compte en nanosecondes), pour que la lumière de cet objet parvienne jusqu'à vos yeux. Il convient de se rendre à l'évidence : tout ce que vous pouvez observer autour de vous, j'ai bien dit tout, appartient au passé ; à un passé plus ou moins révolu en fonction des distances, mais un passé tout de même. Nos yeux sont une machine à remonter le temps. Nous ne pouvons et ne pourrons jamais observer le vrai présent, le monde tel qu'il est exactement à l'instant où nous l'observons. Sommes-nous ainsi condamnés à regarder vers le passé ? Le présent n'est-il qu'une gigantesque illusion ?

Je suis le présent

J'ai souvent fait référence, dans cet ouvrage, à la puissance du présent, au pouvoir de l'action, à la nécessité d'agir dans le présent plutôt que de subir le temps de l'horloge. A priori, au vu de ce qui précède, nous pourrions logiquement nous interroger sur notre façon d'agir dans le présent si ce présent n'existe pas. A-t-on ici un nouveau paradoxe lié au temps ? Pas vraiment : je n'ai pas dit que le présent n'existait pas. J'ai simplement fait remarquer qu'il nous était impossible de l'observer. Et cela change tout. Le vrai présent, ce n'est pas l'univers dans lequel nous évoluons puisque celui-ci appartient au passé. Le vrai présent, le seul qui vaille, c'est celui de notre conscience. En d'autres termes, le présent, c'est vous ! Tout le reste appartient au passé : les objets qui vous entourent, vos proches, mais aussi votre propre corps. N'avez-vous d'ailleurs jamais remarqué que votre esprit réagissait plus vite que votre corps ? Peut-être avez-vous déjà pu constater que lorsque vous vous blessez, vous formalisez le fait de vous être blessé quelques millisecondes avant de ressentir la douleur. Vous savez que vous allez avoir mal au moment même où vous vous coupez, mais vous n'aurez mal que quelques micro-instants plus tard, le temps que l'information électrique parvienne jusqu'à votre cerveau.

Le seul présent qui vaille est donc celui que nous expérimentons tous à travers notre propre conscience. En observant notre environnement, nous voyageons dans le passé. La seule possibilité que nous avons d'explorer le présent, c'est de voyager à l'intérieur de nous-mêmes. Et c'est comme cela que nous pouvons parvenir à décrocher le pompon, à saisir les opportunités, à capter les bons moments. D'où l'importance de s'ennuyer, de prendre le temps, d'observer. La méditation ou encore la prière sont d'autres pratiques qui sont liées à la même idée. Est-ce d'ailleurs un hasard si le sentiment d'accélération du temps que nous observons en Occident coïncide avec un désintérêt croissant pour la religion ? La religion, tout comme la méditation ou le fait d'apprendre à s'ennuyer, contribue d'une certaine façon à se donner le temps de penser, de prendre du recul, de développer sa capacité de concentration et d'attention ; tout ce qui fait défaut aujourd'hui dans une ère où, par la force des choses, nous vouons un culte particulier à l'immédiateté, à la rapidité et à l'universalité.

Pour autant, il serait faux de penser que les outils de l'accélération du temps, et singulièrement l'Internet, interdisent la transcendance et l'introspection. Au contraire, même. Un des effets *a priori* pernicieux de l'Internet et des réseaux sociaux est le développement d'une culture de l'égo, d'un individualisme à outrance. Un profil Facebook, un fil Twitter, un blog sont autant de médias individuels au service de la valorisation du Moi. Mais n'est-ce pas là un mal pour un bien ? Et si les dérives individualistes, en Occident, n'étaient pas *in fine* les conditions d'accès à une intériorité ? Au-delà de l'individualisme exacerbé, les réseaux sociaux permettent en effet aux cercles familiaux, amicaux et intellectuels de se reconstituer. En germe, il y a donc la possibilité de créer un nouveau sens collectif, qui soit une addition de tous les Moi individuels ; un sens collectif qui serait tout à fait différent de l'approche asiatique, qui est dans la glorification du collectif et dans la négation de l'individu.

Souvenez-vous que le seul présent est celui de notre conscience. Le présent est donc un temps qui est propre à chaque être. Toute réflexion doit donc partir de moi-même. Imaginez que le nouveau sens collectif qui se développe grâce à l'Internet nous permette d'unir nos consciences, de fusionner nos présents ! Cela donnerait naissance à un supraprésent. Ce supraprésent, c'est le cœur du nouveau rapport au temps tel que décrit dans cet ouvrage. C'est la conjugaison de tous nos présents individuels. C'est la mise en commun de notre volonté d'agir dans le présent, de saisir les opportunités, d'attraper le pompon. Ensemble.

Chapitre 13

Deux mille douze

Les cycles s'accélèrent. Il se passe plus d'événements dans des temps de plus en plus courts, que cela soit dans la sphère économique, politique, personnelle. Au niveau planétaire, même, ne voit-on pas aussi la multiplication des phénomènes météorologiques violents ? Si l'on devait représenter le cours de l'histoire par un mouvement d'oscillation sur un graphique, les oscillations seraient donc à l'évidence de plus en plus rapprochées. En revanche, elles iraient de plus en plus haut et de plus en plus bas.

Ces oscillations de plus en plus rapprochées témoignent de l'effet d'accélération que nous observons dans tous les domaines. Le fait que ces oscillations aillent de plus en plus haut, et proportionnellement de plus en plus bas, témoigne par ailleurs des phases d'exaltation et de blues collectifs que nous vivons. Jamais l'homme n'aura autant été capable de produire de grandes choses, mais rarement aussi il ne sera autant mis en danger. Rien d'étonnant, somme toute, dans un contexte où l'entropie globale, facteur de complexité et de désordre, augmente.

Phase de résonance

Revenons à notre schéma d'oscillation. Si les oscillations s'accélèrent et sont de plus grande amplitude, cela s'appelle, en physique, un changement de fréquence. Ce que nous vivons actuellement, c'est donc d'une certaine façon un changement de fréquence de notre civilisation. Soit. Quels en sont les risques ? Il y a un risque, parfaitement documenté en physique, qui s'appelle la résonance. Un exemple parlant : en 1850, une troupe passant sur un pont traversant la rivière du Maine à Angers s'écroule, provoquant la mort de deux cent vingt-six soldats. Ce pont était pourtant parfaitement bien construit. Comment donc a-t-il pu s'écrouler ? Tout simplement parce qu'il s'est avéré que la fréquence des soldats qui marchaient au pas sur le pont était exactement la même que celle du pont, entraînant alors une réaction de résonance provoquant la rupture du pont. C'est la raison pour laquelle, depuis cette date, il est interdit aux militaires du monde entier de marcher au pas sur un pont.

Imaginez que la fréquence de notre modèle de civilisation change jusqu'au point où elle serait absolument identique à une autre fréquence, qui aurait partie liée avec l'humanité. Cela pourrait bien créer un effet de résonance, une résonance qui se caractérise, rappelons-le, par la diffusion d'une très grande énergie. Deux scénarios peuvent alors être envisagés. Premier scénario : les conséquences sont dramatiques, un peu à l'instar du pont qui s'écroule. Ce scénario pourrait alors prendre la forme de phénomènes révolutionnaires, belliqueux, avec le risque de déboucher sur l'avènement d'une dictature mondiale. Autre scénario, qui est celui dans lequel je m'inscris : le phénomène de résonance est capable de générer une énergie qui dépasse la capacité de résistance théorique des matériaux. Songez donc à ce que pourrait être une énergie déployée par un phénomène collectif de résonance, par un groupe d'humains en marche, pour reprendre l'analogie avec les soldats au pas sur le pont. L'hypothèse d'un avènement d'une renaissance mondiale devient alors plus que plausible.

L'accélération rapide des événements de ces dernières années peut laisser penser que cette phase de résonance est imminente. Cela pourrait bien être en 2012, année qui présente une fenêtre d'opportunité.

La fin des temps

Pourquoi 2012 ? Cette année revêt d'abord une dimension éminemment symbolique : selon l'interprétation de certaines prophéties, la fin du monde serait programmée pour le 21 décembre 2012, date qui correspond à la fin du calendrier Maya et à un alignement planétaire inédit. Récemment encore, un film hollywoodien, opportunément baptisé *2012*, mettait en scène une série de catastrophes aboutissant à la fin du monde tel que nous le connaissons. Bien sûr, 2012 ne sera pas l'année de la fin du monde. Pour autant, 2012 pourrait marquer la fin des temps.

Mais qu'entend-on exactement par « fin des temps » ? Une lecture trop hâtive des textes religieux a souvent conduit à considérer que la fin des temps signifiait la fin du monde. Cela est absurde. En effet, si la fin du monde est une hypothèse fantasmagorique, la fin des temps s'impose maintenant à nous comme une réalité. Nous ne nous laissons plus duper par l'accélération du temps. Chacun est désormais décidé à défier la tyrannie de la vitesse et la dictature du mouvement. La fin des temps, c'est la fin de la vision linéaire que nous nous faisons du temps. C'est la fin d'un modèle de pensée uniquement centré sur ce que les Grecs appelaient le chronos, c'est-à-dire le temps physique défini par un passé, un présent et un futur. La fin des temps ouvre la voie à l'exploration d'une nouvelle dimension du temps, celle du kairos, qui fait référence à la profondeur du présent, et qui ouvrira la voie à une société où chacun sera libre de saisir les opportunités qui se présenteront, et qui permettra à chacun de s'accomplir dans ce qu'il y a de plus noble, voire de plus mystique : la création.

2012, année-charnière ?

Par-delà la fin des temps, tous les enjeux qui convergent autour de 2012 laissent aussi augurer de la fin d'un temps. La fin d'un temps basé sur la cupidité et la recherche de profit à court terme. La fin d'un temps organisé autour des principes masculins que sont la conquête, la guerre, la quête de pouvoir. La fin d'un temps où l'égo et l'individualisme conditionnent toutes les actions humaines.

2012 sera une année clé où le débat public sera intense. Parmi les pays les plus riches du monde, deux élisent leur chef d'État au suffrage universel direct. Il s'agit des États-Unis et de la France. Les autres sont des monarchies ou des républiques parlementaires. Or, il se trouve qu'en 2012 se tiendront les élections présidentielles françaises et américaines. Barack Obama avait déjà inventé, en 2008, une nouvelle façon de porter la parole publique. C'est grâce à cette approche inédite et créative qu'il a pu accéder à la Maison Blanche. Quelle était la méthode d'Obama en 2008 ? S'appuyer sur un réseau de millions d'Américains connectés en réseau, plutôt que de solliciter des lobbies pétroliers comme ses prédécesseurs ; être en contact direct avec le citoyen américain, *via* mybarackobama.com, un portail participatif monté avec l'aide d'un fondateur du réseau social Facebook ; attaquer de front les vrais sujets de sociétés autrefois tabous aux États-Unis, tel que la mise en place d'une assurance maladie pour tous.

Les deux élections présidentielles de 2012 devraient donc prolonger le mouvement démocratique initié par Barack Obama en 2008 et consacrer de nouveaux principes démocratiques, basés sur l'échange et la participation. L'Internet, les réseaux sociaux Facebook, Twitter et les autres tiendront un rôle central.

Parmi les sujets qui accapareront le débat public aux États-Unis et en France en 2012, l'écologie sera sans doute l'un des plus sensibles. En France, les partis écologistes bénéficieront d'une écoute et d'une crédibilité jamais atteinte, à moins que le sujet ne soit pris à bras-le-corps par les partis traditionnels. Non pas avec opportunisme comme cela a pu être le cas dans le passé, mais avec conviction et abnégation. Car plus que jamais, ce sujet sera considéré comme systémique, global, universel. Aux États-Unis, le pari sera particulièrement audacieux pour Barack Obama, tant les réticences y sont importantes. Est-il utile de rappeler que les États-Unis sont l'un des rares pays à avoir refusé de ratifier le protocole de Kyoto ? Et pourtant, même aux États-Unis l'idée d'une croissance soutenable fait son chemin. Le président des États-Unis le dit lui-même, son pays doit « prendre la tête du combat en faveur de l'environnement », tout en reconnaissant qu'il y a là un grand chantier susceptible d'accompagner la croissance économique des prochaines décennies. Tout est dit. Et puis, il y a des symboles qui ne trompent pas : d'ici à 2012, tous les fameux taxis jaunes new-yorkais seront hybrides.

2012 sera donc une année qui pourrait marquer un tournant dans l'histoire du monde. Si l'opportunité d'un changement n'est pas saisie, le monde continuera de reposer sur des principes absurdes dont nous ne savons pas où ils peuvent nous mener.

Ne faisons pas preuve de naïveté et d'angélisme. Les changements seront graduels et prendront de nombreuses années. 2012 ne sera pas, de ce point de vue, une année révolutionnaire. Elle apparaîtra cependant, aux yeux de l'histoire, comme une année-charnière où la démocratie aura su se renouveler autour de principes fondateurs qui nous accompagneront dans les centaines d'années à venir. Elle pourrait cependant apparaître, aux yeux de l'histoire, comme une année charnière où la démocratie aura su se renouveler autour de principes fondateurs qui nous accompagneront dans les centaines d'années à venir. Certains voudront accompagner ce mouvement. D'autres voudront le ralentir. C'est pourtant tous ensemble que nous arriverons à faire de 2012 l'année zéro de ce qu'il convient désormais d'appeler le « nouveau temps ».

Conclusion

Le nouveau temps

Tout changement, toute nouveauté est le fruit d'une double réalité : une expérience individuelle d'introspection, de réflexion, de création ; mais aussi une expérience collective de partage et de résonance. Pour que ces deux réalités se conjuguent, il faut un cadre stable qui valorise les individus dans ce qu'ils ont de différent et de complémentaire. Ce cadre porte un nom : c'est la démocratie. Chacun porte en lui les conditions nécessaires à un changement collectif, une mutation planétaire. Telle est la dimension politique induite par le bouleversement du rapport que l'homme entretient avec le temps.

Une possibilité unique s'offre à nous : celle de voyager dans le présent, d'unir nos leviers d'action individuels pour donner naissance à un gigantesque levier d'action collective. Les conditions de l'avènement d'une nouvelle renaissance sont réunies. Les idées sont là. La vitesse, qui peut être vécue comme une tyrannie, peut aussi être perçue comme une fabuleuse opportunité pour faire accélérer les événements et les changements. L'Internet, outil de vitesse et d'accélération par excellence, nous donne désormais accès au savoir de façon universelle et permet aux familles d'âmes de se fédérer. Les nouveaux réseaux de télécommunication nous permettent de repenser la façon dont sont organisés nos territoires et d'inventer une nouvelle ruralité ; ils pourraient aussi être la clé du développement des pays du Tiers Monde, en créant les conditions de l'avènement de la démocratie et de l'équilibre économique. Non, la Terre n'est pas surpeuplée : faut-il rappeler que l'humanité toute entière tiendrait sur la surface de la Corse ? L'idée d'une croissance soutenable fait désormais son chemin, même aux États-Unis, le pays le plus pollueur du monde. Grâce aux réseaux, nos démocraties retrouvent une nouvelle vitalité ; peut-être simplement faudra-t-il songer à rallonger la durée des mandats électoraux pour donner la possibilité à nos dirigeants de prendre le temps de voyager dans le présent avec nous. Les valeurs féminines que sont le long terme, la prise de risque raisonnée, le partage des connaissances sont désormais valorisées, contrairement aux valeurs masculines de conquête, de court terme et de prise de risque exacerbée, qui ont montré leurs limites.

Les nouvelles générations sont particulièrement en phase avec toutes ces idées. Ouverts, polyglottes, citoyens du monde, interconnectés en réseaux, développant un esprit de synthèse exceptionnel et un sens créatif inédit, ces nouveaux androïdes sont la clé de la résonance planétaire qui est à l'œuvre.

La force de ces nouveaux androïdes, c'est aussi d'avoir réussi à faire la synthèse des valeurs dites féminines. Dans mon précédent ouvrage *Vers un capitalisme fémi-*

nin j'expliquais en quoi le modèle de développement masculin basé sur la conquête, la prise de risque et le court terme était arrivé à bout de course, et pourquoi l'avenir privilégierait un modèle de développement basé davantage sur les valeurs féminines telles que le partage, la communication, la gestion modérée des ressources, la découverte ou encore la gratuité. Ces valeurs ne sont-elles pas partagées universellement par toutes les jeunesses du monde ? Est-ce d'ailleurs un hasard si les changements profonds ont toujours été portés conjointement par la jeunesse et par les femmes ? En 1789, la marche des femmes sur Versailles fut un des grands moments de la Révolution française. Plus proche de nous, l'élection de François Mitterrand en 1981 ou encore celle de Barack Obama en 2008, qui ont toutes les deux porté un très grand espoir, ne s'expliquaient-elles pas par une mobilisation inédite de la jeunesse et des femmes ? Et que dire des mouvements d'opinion qui se sont développés, récemment, dans les pays arabes, tels que la Tunisie et l'Égypte, pays où les trois quarts de la population ont moins de trente ans ? Personne n'avait imaginé que la chute de ces régimes autoritaires irait aussi vite. Cette accélération de l'histoire, la vitesse à laquelle se succèdent les événements, nous la devons aux réseaux, parfaitement maîtrisés par cette jeunesse interconnectée.

Néanmoins, pour relever tous ces défis qui sont les nôtres et permettre aux nouveaux androïdes de construire le monde de demain, il faudra préalablement venir à bout du complot. Oui, souvenez-vous,

la conspiration des enfants gâtés : ceux qui sont nés
après la Seconde Guerre mondiale ; ceux qui ont fait
que l'unique mandat de la Banque centrale européenne soit la lutte contre l'inflation ; ceux qui ont
réussi l'exploit inédit dans l'histoire de l'humanité de
vivre mieux que leurs parents, mais également mieux
que leurs enfants ! Certes, l'évolution démographique
fera que les *baby boomers* ne seront bientôt plus aux
commandes. Ils demeureront cependant les plus fidèles électeurs qui soient. Si rien n'est fait, ils continue-
ront d'imposer leurs vues pendant les prochaines
décennies, avec des conséquences sur les cent prochaines années.

Il y a donc dans l'air du temps une dimension révolutionnaire. Il appartient à la génération dont je fais partie, celle des trentenaires et des quadragénaires,
d'organiser le mouvement qui mettra fin à ce complot. C'est l'héritage que nous léguerons aux générations futures. Nous le leur devons. Quant aux
nouveaux androïdes, qui ont déserté depuis bien
longtemps le débat public, ils devront prendre
conscience que par-delà les valeurs nobles qu'ils ont
chevillées au corps (l'universalité, la créativité, le paci-
fisme, le partage, etc.), la démocratie est encore le
cadre le plus abouti pour ceux qui n'ont pas renoncé à
l'idée d'apporter quelque chose de neuf au monde.

Seulement, la culture politique doit être renouvelée.
Les idéologies sont obsolètes et n'obtiennent plus
l'adhésion des jeunes générations. La façon même
dont sont structurés les programmes des partis

politiques est dépassée. En effet, depuis soixante ans, les programmes politiques se résument en une énumération couvrant tous les grands chapitres habituels : l'économie, le social, l'éducation, la culture, la santé, la recherche, la défense, les affaires étrangères… Mais peut-on se contenter d'un tel effet catalogue dans un monde où l'entropie rend toutes les décisions complexes et interdépendantes ?

La prise en compte de la dimension du temps est sans doute la clé d'un renouveau du politique. Agir trop vite mène à l'emballement. Ralentir pour ralentir conduit à la décadence. L'enjeu est précisément de savoir agir au bon moment, de savoir ralentir pour ensuite mieux accélérer. Tout cela dans la perspective d'un objectif commun : créer ensemble le monde de demain.

Annexe

Manifeste du nouveau temps

Imaginons une nouvelle méthodologie basée sur notre rapport au temps, méthodologie qui pourra servir de socle à une nouvelle approche politique et qui s'articulera autour de quatre cycles : un cycle long, un cycle ralenti, un cycle rapide, un cycle accéléré. Dans le cycle long, nous nous donnerons le temps pour concrétiser des idées nouvelles. Dans le cycle ralenti, nous choisirons les meilleurs moyens pour innover et créer. Dans le cycle rapide, nous prendrons des décisions fortes. Dans le cycle accéléré, nous agirons avec grandeur dans le sens des objectifs ambitieux que nous nous serons fixés, personnellement et collectivement. Tout l'art politique consistera à savoir combiner ces quatre cycles.

Sans prétendre à une démonstration exhaustive, voici comment nous pourrions organiser et structurer, au travers de cette approche des quatre cycles, les quelques idées-repères qui sont exprimées dans cet ouvrage (ainsi que dans mon précédent, *Vers un capitalisme féminin*).

Se donner le temps de concrétiser des idées nouvelles dans le champ politique

Rallonger le mandat présidentiel

La Constitution de la Cinquième République avait un mérite : celui de dissocier le temps législatif du temps exécutif. D'une durée de cinq ans, le temps législatif devait être consacré à l'application d'un programme électoral, sous l'impulsion d'un Premier ministre. Quant au temps de l'exécutif, il reposait sur un mandat présidentiel d'une durée de sept ans. Il permettait de définir les grandes orientations, de penser aux choix structurants pour notre société. C'était une singularité, et peut-être l'une des forces de la France. La dictature du mouvement a eu raison du septennat présidentiel. Voilà donc un président de la République en première ligne, trop impliqué dans la politique quotidienne, qui ne prend plus le temps de s'ennuyer. Un retour à un mandat plus long serait salutaire. Un mandat présidentiel de neuf ans, non renouvelable, répondrait à la nécessité d'un temps politique nécessairement plus long.

Créer un ministère du long terme

Deux portefeuilles ministériels à haute portée symbolique ont été créés en 2007 : un ministère d'État en charge du développement durable, ainsi qu'un secrétariat d'État à l'économie numérique. Même si ces deux portefeuilles ont été minorés dans l'ordre protocolaire suite à divers remaniements ministériels, il semble désormais évident que l'économie numérique doive un jour passer sous la responsabilité d'un minis-

tre d'État en charge de l'écologie et du développement durable. Le fait que ce ministère intègre aussi les
transports est un argument supplémentaire qui milite-
rait en faveur de cette option, dans la mesure où
l'économie numérique implique, nous l'avons vu,
une forte composante d'équipements et d'infrastructures. Ce ministère écologie-développement durable-
numérique-transports ferait alors plus que jamais
figure de ministère du long terme.

Ancrer la politique fiscale dans la durée

La question de la politique fiscale a de tout temps été
sensible. Faut-il augmenter les impôts au risque de se
rendre impopulaire ? Faut-il diminuer les impôts pour
s'attirer la sympathie de tel ou tel groupe de personnes ? Pour être efficace, un bon impôt doit répondre à
deux impératifs. D'une part, il doit être perçu comme
juste. Et, d'autre part, il doit être ancré dans la durée,
de sorte que tous les acteurs économiques (particuliers, entreprises, investisseurs) puissent disposer d'un
cadre stable dans lequel se projeter. Prenons l'exemple
de l'impôt sur la fortune (ISF). Cet impôt est à la fois
absurde et injuste, dans la mesure où il ne taxe pas les
revenus du capital, mais le capital lui-même. Pour
corriger ses effets pervers a été inventé le principe de
« bouclier fiscal », lequel est lui aussi perçu comme
absurde et injuste. Toute la politique fiscale de ces
vingt dernières années a donc consisté à corriger des
absurdités par d'autres absurdités. C'est la raison d'être
des « niches fiscales ». Une solution juste pourrait
consister à supprimer l'ISF, supprimer le bouclier

fiscal, et à augmenter (éventuellement significativement) la tranche supérieure de l'impôt sur le revenu.
Une fois ces mesures décidées, et après avoir validé
leur cohérence économique, les gouvernants devront
s'engager collectivement à ne plus effectuer d'amen-
dement pendant une période d'au moins dix ans. Seul
le temps permettra de donner un sens à la politique
budgétaire de la France.

Mettre en place des conditions d'échange favorables à l'innovation et à la création

Maintenir le principe d'un jour de repos hebdomadaire

Dans un monde où tout va plus vite, rares sont les
occasions que nous avons de nous ennuyer, d'observer
et de créer. D'où l'intérêt d'un jour de repos hebdomadaire qui soit le même pour tous : un jour par
semaine, la ville ralentit ; un jour par semaine, vous ne
culpabilisez pas de rester chez vous ; un jour par
semaine, vous n'avez pas à subir les intrusions de vos
collaborateurs, de votre facteur ou de votre banquier.

Permettre l'accès au très haut débit pour tous

Le développement d'un réseau internet à très haut
débit en France (plus de cent mégabits par seconde)
laisse entrevoir une nouvelle façon d'appréhender
notre géographie. L'Internet pourrait en effet bien se
révéler être un puissant outil d'aménagement de nos
territoires et de désengorgement des villes. Le très haut
débit permettrait de faire évoluer le lien établi entre le

salarié et son entreprise, notamment par le télétravail, tout comme le lien entre le citoyen et son administration. Il y a donc un enjeu de génie civil colossal, qui consiste à construire un réseau à très haut débit homogène sur l'ensemble du territoire. Les investissements seront lourds (environ quarante milliards d'euros), mais seront en très grande partie portés par les sociétés privées de télécommunication qui en tireront, plus tard, les bénéfices commerciaux. Inscrire l'accès au très haut débit dans la constitution comme un droit fondamental à l'horizon 2015 permettra de démontrer la volonté politique mise dans un tel projet.

Promouvoir une économie basée sur la gratuité

Le capitalisme devrait produire à l'avenir de plus en plus de produits et services gratuits, d'abord grâce à l'Internet. Les coûts de bande passante et de stockage tendent aujourd'hui vers zéro. En conséquence, il devient concevable que quatre-vingt-dix-neuf pour cent des utilisateurs d'un service puissent l'utiliser gratuitement, dès lors que un pour cent l'utilise dans sa version *Premium*. Et ce un pour cent, s'il s'applique à un grand nombre d'utilisateurs, peut être suffisant pour constituer un modèle économique viable. Il appartiendra alors à nos entreprises de se montrer créatives et de concevoir des produits à valeur ajoutée suffisamment attractifs et innovants en vue de convaincre le un pour cent de clients qui, eux, choisiront de payer. Au fond, cette économie issue de la gratuité sera un fabuleux moteur pour accéder à une certaine forme de renaissance créative.

Valoriser la création auprès des jeunes générations

Nous entrons dans une ère où la création sera de plus en plus valorisée, sous toutes ses formes : création artistique, création d'entreprise… L'enjeu se porte donc, de toute évidence, sur l'éducation des jeunes générations. Il pourrait à ce titre être audacieux de faire évoluer les rythmes scolaires en choisissant d'enseigner les matières traditionnelles le matin, et d'instaurer le principe d'un après-midi davantage orienté vers la création et la prise de recul (langues étrangères, musique, arts plastiques, écriture, sports, stages en entreprises…).

Annoncer des décisions fortes au bon moment pour en faciliter l'exécution

Supprimer les privilèges fiscaux des *baby boomers*

C'est un fait : le revenu moyen des retraités est supérieur à celui des actifs. Souvent propriétaires, le niveau de vie des seniors est encore bien plus élevé que celui de leurs enfants et de leurs petits-enfants. Même les retraités les plus pauvres sont mieux traités que les actifs les plus pauvres : le minimum vieillesse est à sept cent huit euros lorsque le RSA est à quatre cent soixante euros. Il ne s'agit pas de taxer les retraités de manière dogmatique, mais simplement de remettre en cause la fiscalité dérogatoire dont ils bénéficient et qui représente dix milliards d'euros par an. En particulier, aligner le taux de CSG (contribution sociale généralisée) des retraités (aujourd'hui de 5,5 %, voire 3,8 %) sur celui des actifs (7,5 %) semble un minimum.

Modifier le mandat de la Banque centrale européenne et relancer l'inflation

Une inflation maîtrisée pourrait se révéler être un levier d'action incontestable qui profiterait directement aux actifs. Elle s'appliquerait aussi bien aux prix qu'aux salaires, qui connaîtraient une augmentation proportionnelle. C'est ce que l'on appelle la spirale prix-salaires. Relancer l'inflation permettrait de faciliter l'accès à l'emprunt immobilier pour les jeunes générations, comme ce fut le cas pour leurs parents et leurs petits-enfants. L'inflation aurait aussi un énorme avantage, celui de réduire significativement le poids de la dette publique. Préalablement, il conviendra d'élargir le mandat de la Banque centrale européenne, à l'instar de la Banque fédérale aux États-Unis (FED).

Accepter l'idée d'un déficit chronique de la Sécurité sociale

La France dispose de l'un des mécanismes de protection sociale les plus aboutis au monde. Certes, cela coûte cher, très cher même, au point que tous les gouvernements qui se sont succédé ces vingt dernières années se sont vus confrontés à la question de son financement. La politique, la vraie, devrait pourtant consister à se poser une question de fond : le système a-t-il vocation à être à l'équilibre ? Si tant est que le progrès consiste à vivre plus longtemps et dans de meilleures conditions, peut-être alors faudrait-il intégrer l'idée selon laquelle un système de santé peut être structurellement en déficit, à condition qu'il soit accessible à tous et au service de la santé et du vivant.

Agir avec grandeur dans l'application immédiate des valeurs essentielles

Créer une banque française de microcrédit

Depuis la décolonisation, des centaines de milliards d'euros ont été investis par la France pour accompagner le développement des pays du Tiers Monde. En vain. L'idée de subventionner des gouvernements, souvent non démocratiques, ne bénéficie au final que très peu aux populations locales. Au lieu de consentir des aides par le haut, il pourrait être envisagé par la France d'agir par le bas. La création d'une banque française de microcrédit permettrait de subventionner des microprojets portés par des populations locales. L'idée serait en particulier d'aider les femmes, dont nous savons aujourd'hui qu'elles sont la clé du développement démocratique et de la croissance économique dans les prochaines décennies, à s'équiper en micro-ordinateurs et à accéder à l'Internet. Nous éviterons ainsi une fracture numérique planétaire, et permettrons à l'Afrique de mieux appréhender les mutations qui sont à l'œuvre.

Développer une politique spatiale européenne

La conquête spatiale peut, *a priori*, revêtir une dimension superflue. Pourquoi, en effet, chercher à explorer d'autres planètes, alors que nous peinons tant à atteindre un budget à l'équilibre ? La politique, c'est pourtant aussi savoir se projeter sur le très long terme. De ce point de vue, l'exploration spatiale ferait figure d'un fabuleux challenge qui pourrait apporter une multitude d'innovations décisives, voire révolution-naires, dans les domaines numériques, énergétiques, biomédicaux et les autres. Le défi spatial ouvrirait la voie à des recherches approfondies dans les nanotechnologies, les énergies, la génétique, la communication. De plus, il y a dans l'exploration spatiale quelque chose de nature à fédérer l'ensemble du continent, par-delà nos différences culturelles, linguistiques et économiques. N'est-ce pas là une occasion unique d'unir l'ensemble des peuples européens ?

Mettre en œuvre de grands projets de civilisation

Un dirigeant politique doit avoir conscience que tout ce qu'il a été amené à entreprendre pendant son mandat sera un jour défait (et peut-être très vite) par les mains hasardeuses du temps ; que rien ne restera. Rien, si ce n'est les grandes réalisations, que la postérité retiendra pour avoir incarné une époque, un mode de vie, une ambition. Dans ce que je perçois comme une nouvelle renaissance, les grands projets de civilisation ne seront pas de simples créations architecturales dont l'objectif est bien souvent de valoriser l'égo de leur promoteur. Il en faudra, probablement. Mais ces projets seront surtout le symbole d'une nouvelle compréhension du monde, d'un nouveau savoir, de nouvelles technologies, de nouveaux idéaux, qui témoigneront plus que jamais d'un nouveau rapport de l'homme au temps.

Et vous, comment agirez-vous dans le nouveau temps ?

Pour poursuivre la discussion :

Blog : www.smati.com
Twitter : twitter.com/rafiksmati
Facebook : www.facebook.com/rafiksmati